Krantz Lindgren
Wenn du mit mir schimpfst,
kann ich mich nicht leiden,
Mama

Wenn du mit mir schimpfst, kann ich mich nicht leiden, Mama

Wie Sie das Selbstwertgefühl Ihres Kindes stärken

Petra Krantz Lindgren

Aus dem Schwedischen übersetzt
von Jutta Hamberger

TRIAS

**Bibliografische Information
der Deutschen Nationalbibliothek**

Die Deutsche Nationalbibliothek verzeichnet diese Publikation in der Deutschen Nationalbibliografie; detaillierte bibliografische Daten sind im Internet über http://dnb.d-nb.de abrufbar.

Die schwedische Originalausgabe erschien 2014 unter dem Titel »Med känsla för barns självkänsla«. © 2014 Petra Krantz Lindgren First published by Bonnier Fakta, Stockholm, Sweden. Published in the German language by arrangement with Bonnier Rights, Stockholm, Sweden.

1. Auflage 2019

© 2019 TRIAS Verlag in Georg Thieme Verlag KG, ein Unternehmen der Thieme Gruppe

Rüdigerstr. 14
70469 Stuttgart
Deutschland

www.trias-verlag.de

Printed in Germany

Programmplanung: Katja Widmann
Projektmanagement: Anja Bippus
Redaktion: Bettina Dietrich, Print Company Verlagsgesellschaft m.b.H.
Übersetzung: Jutta Hamberger
Umschlaggestaltung: CYCLUS Visuelle Kommunikation, Stuttgart
Bildnachweis:
Umschlagfoto: plainpicture
Die abgebildeten Personen haben in keiner Weise etwas mit dem Thema des Buches zu tun.
Autorenfoto: Caroline Andersson
Satz: Ziegler + Müller, Kirchentellinsfurt; gesetzt in APP/3B2 V.9
Druck: Westermann Druck GmbH, Zwickau

ISBN 978-3-432-10853-7   1 2 3 4 5 6

Auch erhältlich als E-Book:
eISBN (epub) 978-3-432-10854-4

Wichtiger Hinweis: Wie jede Wissenschaft ist die Medizin ständigen Entwicklungen unterworfen. Forschung und klinische Erfahrung erweitern unsere Erkenntnisse. Ganz besonders gilt das für die Behandlung und die medikamentöse Therapie. Bei allen in diesem Werk erwähnten Dosierungen oder Applikationen, bei Rezepten und Übungsanleitungen, bei Empfehlungen und Tipps dürfen Sie darauf vertrauen: Autoren, Herausgeber und Verlag haben große Sorgfalt darauf verwandt, dass diese Angaben dem Wissensstand bei Fertigstellung des Werkes entsprechen. Rezepte werden gekocht und ausprobiert. Übungen und Übungsreihen haben sich in der Praxis erfolgreich bewährt.

Eine Garantie kann jedoch nicht übernommen werden. Eine Haftung des Autors, des Verlags oder seiner Beauftragten für Personen-, Sach- oder Vermögensschäden ist ausgeschlossen.

Geschützte Warennamen (Warenzeichen®) werden nicht immer besonders kenntlich gemacht. Aus dem Fehlen eines solchen Hinweises kann also nicht geschlossen werden, dass es sich um einen freien Warennamen handelt.

Liebe Leserin, lieber Leser,
hat Ihnen dieses Buch weitergeholfen? Für Anregungen, Kritik, aber auch für Lob sind wir offen. So können wir in Zukunft noch besser auf Ihre Wünsche eingehen. Schreiben Sie uns, denn Ihre Meinung zählt!

Ihr TRIAS Verlag

E-Mail Leserservice: kundenservice@trias-verlag.de

Adresse:
Lektorat TRIAS Verlag, Postfach 30 05 04,
70445 Stuttgart
Fax: 07 11-89 31-7 48

Besuchen Sie uns auf facebook!
www.facebook.com/mama.mag.trias

Lassen Sie sich inspirieren!
www.printerest.com/triasverlag

»Eltern sollen Kindern nicht beibringen,
wie sie perfekt werden.

Eltern sollen Kindern beibringen,
dass sie gut sind, so wie sie sind.«

Fia, 8 Jahre

Die Autorin

 **Petra Krantz Lindgren** ist eine der bekanntesten und renommiertesten Familientherapeuten in Schweden. »Mir geht es darum, dass Eltern und Kinder gegenseitigen Respekt und Zusammenarbeit entwickeln können. Das vermittle ich in Elternkursen und Vorträgen.« Ihr Blog »En annan du« (Ein anderes Du) http://petrakrantzlindgren.se/en-annan-du-2/ hat viele Leser/-innen, die engagiert mit der Autorin über deren Einträge und die großen und kleinen Fragen des Familienlebens diskutieren. *Med känsla för barns självkänsla* erschien 2014 in Schweden und wurde dort auf Anhieb ein Bestseller. Es wurde in sieben Sprachen übersetzt.

Inhalt

1 Einleitung

Wenn du mich anschreist, Mama, kann ich mich selber nicht lieb haben. Das war ein Beitrag in meinem Blog. Ich beschrieb darin ein Gespräch mit meiner siebenjährigen Tochter, in dem ich sie fragte, ob sie sich selber lieb habe. Sie antwortete, dass sie das sehr oft tue, sich aber dumm fühle, wenn ich mit böser Stimme mit ihr spräche. »Wenn ich denke, ich bin dumm, ist es schwer, mich selber lieb zu haben.«

Der Eintrag verbreitete sich im Netz explosionsartig. In nur zwei Tagen hatte er 260 000 Klicks, sehr viel mehr als für alles, was ich jemals davor und auch danach geschrieben habe. Warum war das so? Ich glaube, die Antwort liegt in der Überschrift meines Beitrags. Wir Eltern lieben unsere Kinder. Natürlich wünschen wir uns auch, dass die Kinder sich selbst lieben, weil wir wissen, wie wertvoll und belohnend das ist. Der Gedanke, dass unsere Kinder daran zweifeln könnten, berührt uns tief. Und es tut weh, wenn wir uns klarmachen, dass die Art, wie wir mit unseren Kindern umgehen, Einfluss darauf hat, wie sie über sich selbst denken. Was wir als Eltern sagen und tun, hat für das Selbstbild unserer Kinder größte Bedeutung – auch dafür, wie sie sich sehen, welche Wünsche und Träume sie im Herzen tragen. Das ist eine große Verantwortung. Und eine großartige Chance.

Das erste Mal dachte ich über meine Verantwortung und meine Chancen als Mutter während eines Kurses in »Aktiver Elternschaft« nach. Dieser Kurs inspirierte mich, darüber nachzudenken, welche langfristigen Ziele ich als Mutter hatte und zu welchen Erwachsenen meine Kinder heranwachsen sollten. Zuvor hatte ich meist nur an schöne gemeinsame Stunden gedacht und daran, die täglichen Anforderungen zu erfüllen. Als ich mir die Zeit zum Nachdenken nahm, wurde mir klar, dass mein Zielbild inhaltsreich war – und ist. Ich möchte, dass meine Kinder sich zu empathischen, fürsorglichen, respektvollen, ehrlichen, verantwortungsbereiten, mutigen Menschen entwickeln. Ich will, dass sie Selbstwertgefühl, Selbstvertrauen, Zivilcourage und Selbstachtung haben.

Was mir ebenfalls klar wurde und worüber ich in diesem Buch schreiben werde, ist, dass das Selbstwertgefühl in diesem Zusammenhang eine ganz besondere Bedeutung hat. Selbstwertgefühl ist wie eine Plattform, von der aus sich viele andere Eigenschaften entwickeln. Kinder mit gesundem Selbstwertgefühl akzeptieren und mögen sich. Sie hören auf ihre eigenen Gefühle und Nöte und auf die anderer. Sie erheben die Stimme gegen Ungerechtigkeit, sie trauen sich, eigene Lebenswege zu gehen. Sie übernehmen Verantwortung für ihre Fehler. Sie wissen, dass sie gut genug sind, auch wenn ihnen niemand sagt, dass sie tüchtig sind, und sie können mit Kritik konstruktiv umgehen.

Wert und Leistung hängen nicht zusammen

Die beiden letzten Punkte – zu wissen, dass man gut genug ist, auch wenn niemand die eigenen Leistungen rühmt, und mit Kritik konstruktiv umzugehen – liegen mir ganz besonders am Herzen. Ich selbst bin aufgewachsen in dem Glauben, dass mein Wert davon abhängt, wie andere Menschen mich und meine Leistungen bewerten, dass Kritik bedeutet, dass man etwas falsch gemacht hat, und dass Anerkennung das Wichtigste im Leben ist. Ich habe mich lange unglaublich angestrengt, so ziemlich in jeder Situation, in der ich mich befand. Ich habe ständig nach Zustimmung dafür gesucht, dass ich etwas konnte. Als ein Professor an der Universität, an der ich studierte, zu mir sagte, ich hätte Potenzial, und mir riet, mich der wissenschaftlichen Forschung zu widmen, war ich überglücklich. Es fühlte sich wie eine wunderbare Bestätigung meiner Kompetenz an und ich sah die Möglichkeit, durch das Schreiben der Dissertation noch mehr Bestätigung zu bekommen.

So kam es, dass ich sechs Jahre meines Lebens damit verbrachte, an einem Text zu schreiben, an dessen Thema ich, wenn ich ehrlich bin, auch nicht das geringste Interesse hatte. Fast jeden Tag fühlte ich mich schlecht. Jeden Tag hörte ich meine innere Stimme sagen: »Du hast doch ganz andere Träume und Ziele für dich.« Jeden Tag gebot ich meiner inneren Stimme, zu schweigen. Denn wenn ich meine Dissertation nicht fertigstellen würde, wenn ich also nichts Gutes leisten würde, was wäre ich dann?

Wäre es nicht großartig, wenn unsere Kinder aufwüchsen und lernten, auf ihre innere Stimme zu hören? Wenn sie den Mut hätten, ihren eigenen Sehnsüchten zu folgen und ihre Träume zu verwirklichen? Wenn sie begriffen, dass ihr Wert nicht davon abhängt, wie oft ihnen jemand sagt, wie gut sie sind und was sie alles leisten? Diese Sehnsucht war mein Antrieb, dieses Buch zu schreiben. Über die Jahre habe ich viele Ideen entwickelt und mit anderen besprochen, habe viele Vorlesungen und Kurse besucht, in denen es ums Elternsein ging. In diesem Buch habe ich meine Gedanken und Ideen darüber gesammelt, wie Selbstwertgefühl sich aus Beziehungen zu anderen Menschen speist. Mein Buch richtet sich an Eltern, aber man könnte das Wort »Eltern« auch problemlos gegen das Wort »Erwachsene« austauschen. Was ich beschreibe, ist in allen Beziehungen wichtig.

Bevor du anfängst

Ich bin es gewohnt, Kurse zu geben, Vorlesungen zu halten und zu bloggen. Alles bietet die Möglichkeit zum Austausch. Ich sehe, wie das, was ich sage, sich in einer Antwort niederschlägt. Ich kann verdeutlichen, entwickeln und verändern. Diese Möglichkeiten sind mir im Buch genommen. Wahrscheinlich ist das der Grund dafür, dass ich sehr viel darüber nachdenke, wer du, liebe Leserin, bist und wie du auffassen wirst, was ich schreibe. Meine Hoffnung ist, dass du mein Buch neugierig liest, dass du offen dafür bist, meine Ideen auszuprobieren und dich gleichzeitig fragst:

- Stimme ich zu?
- Warum stimme ich zu?
- Was ist mir besonders wichtig?
- Was will ich jetzt tun?

Vielleicht bist du von Natur aus jemand, der viel infrage stellt. Vielleicht hast du dieses Buch in eher abwartender Haltung gekauft. Dann findest du meine Bitte, dich kritisch mit diesem Buch auseinanderzusetzen, eventuell seltsam und etwas anmaßend. Vielleicht wirst du aber auch von dem Wunsch angetrieben, eine Wegweisung oder Unterstützung zu finden. Vielleicht liest du dieses Buch in der Hoffnung, deutliche und handlungsorientierte Lösungen für die Herausforderungen, denen du dich als Elternteil stellen musst, zu finden. Dieser Wunsch kann ein Risiko bergen. Es kann sein, dass man sich dabei selbst verliert und all das macht, was im Buch steht. Nicht etwa, weil man in der Tiefe seines Herzens dran glaubt, sondern weil man daran glauben will. Das Bedürfnis, als Mutter oder Vater Anweisungen und Unterstützung zu erhalten, kann dazu führen, dass man diese nicht mit sich selbst abstimmt – stimme ich dem wirklich zu? Das aber ist wichtig, denn wenn das, was du zu deinem Kind sagst oder mit ihm tust, keine Verankerung in dir selbst hat, ist die Wirkung auf dich und dein Kind alles andere als wohltuend. Ich weiß, wovon ich spreche. Ich war so eine von außen gesteuerte Mutter. Noch dazu eine ziemlich ehrgeizige.

Wie ein Erziehungsbestseller mich in die Irre führte

Als frischgebackene Mutter war ich ganz gelassen. Ich dachte, es werde sich schon alles von selbst lösen. Das tat es auch, jedenfalls zu Beginn. Aber als wir unser zweites Kind bekamen, veränderte sich der Alltag komplett. Das Baby schlief nur wenige Stunden. Das Stillen bereitete mir Probleme. Die Zweijährige wollte alles bestimmen und alleine machen.

Ich war sowohl ratlos als auch frustriert und begann, nach Lösungen zu suchen. Ich las Bücher, Elternzeitschriften und Elternblogs. Ich wurde Mitglied in einem Elternforum und tauschte mich im Netz mit anderen Müttern und Vätern aus. Aber ich fand keine Hilfe, ich fühlte mich überwältigt. So viel sollte man aufnehmen. So vielem sollte man sich stellen. Gute Eltern zu sein war wirklich eine Kraftanstrengung.

Ich erinnere mich daran, welche Erleichterung ich empfand, als ich ein Buch fand, das meiner Ansicht nach klar und umfassend war. Ich war auf Anna Wahlgrens »Das Kinderbuch – wie kleine Menschen groß werden« gestoßen. Nach kurzer Zeit entdeckte ich auch Annas Forum im Internet, in dem Anna und Eltern, die sich die Kinderbuch-Philosophie zu eigen gemacht hatten, auf Fragen antworteten. Was für eine Fundgrube! Plötzlich kam ich mir nicht mehr so schlecht und böse vor. Ich hatte den sicheren Hafen gefunden und dort ging ich vor Anker.

Mit neuem Selbstvertrauen widmete ich mich meinem Elternsein. In Übereinstimmung mit dem Kinderbuch führte ich Stundenpläne ein, in denen von Essen über Schlafen bis Spielen, soziale Teilhabe sowie Ausflüge alles ein Vierteljahr im Voraus minutiös geplant war. Den Plan klebte ich an die Kühlschranktür, wie ein Manifest meiner neuen, selbstsicheren Elternschaft. Ich war gerettet. Das Kinderbuch und das Netzforum waren meine Heiligen Schriften, Anna meine Göttin.

Aber auch wenn ich durch die Kinderbuch-Philosophie (oder das, was ich dafür hielt) eine wunderbare Erfahrung von Wegweisung und Geborgenheit machte, kamen manchmal auch weniger angenehme Gefühle auf.

Unlust war eines davon. Dieses Gefühl stellte sich immer dann ein, wenn ich Sachen machte, die – wenn ich ehrlich bin – gegen meine inneren Werte verstießen. Manchmal z. B. wendete ich das »Ins-Bett-Schicken« an. Wenn das Kind etwas getan hatte, was ich nicht wollte, zwang ich es, ins Bett zu gehen, und ging selber weg. Es fühlte sich falsch an. Und doch tat ich es. Ich war ja eine Kinderbuch-Mutter. Ich hatte gelesen, wie andere Eltern das »Ins-Bett-Schicken« mit großem Erfolg praktizierten. Ich dachte mir, ich sei unnötig empfindsam.

Frust und Ärger quälten mich immer dann, wenn ich etwas tat, von dem ich annahm, dass ich es tun sollte, tief im Innersten aber keine Lust dazu hatte. Und das passierte ziemlich oft. Ich verbrachte z. B. täglich mehrere Stunden nicht zu Hause, obwohl sowohl ich als auch beide Kinder zu Hause eigentlich ziemlich zufrieden waren. Echte und tägliche Ausflüge waren aber ein Eckstein der Kinderbuch-Philosophie. Ich ließ mich auch davon überzeugen, die Kinder in die Zubereitung der Mahlzeiten einzubeziehen. Das Baby saß an der Spüle und der große Bruder stand auf einem Hocker. Das war unglaublich anstrengend, vier Kinderhände immer im richtigen Abstand zu heißen

Herdplatten, scharfen Messern und heißen Töpfen zu halten. Die Kinder an alltäglichen Arbeiten zu beteiligen war aber extrem wichtig, das hatte Anna Wahlgren gesagt. Auf jeden Frust und Ärger folgten Reinfall und Schuldgefühle. Ich dachte, ich mache etwas falsch. Ich sollte mich freuen, mit meinen wunderbaren Kindern zusammen zu sein. »Kleine Kinder sollen sich wohlfühlen und man soll sich mit ihnen wohlfühlen!« Auch das hatte Anna Wahlgren gesagt.

Für mich fühlte es sich so falsch an

Aber natürlich war ich nicht die Einzige, die Unbehagen verspürte, wenn ich Dinge sagte oder machte, die nicht aus eigener Überzeugung erwuchsen, sondern die ich in einem Buch gelesen hatte.

Ich erinnere mich besonders an einen Tag, kurz nachdem mein Sohn vier Jahre alt geworden war. Ich wollte die Wäsche aufhängen und bat ihn, sein Spiel zu unterbrechen und mir zu helfen. Ich hatte gelesen, dass Kinder wissen und spüren müssen, dass eine Familie ohne sie deutlich schlechter zurechtkäme. Deshalb sagte ich zu ihm: »Jetzt möchte ich, dass du mir beim Wäscheaufhängen hilfst. Du bist wichtig, mein Schatz. Ohne dich schaffe ich das nicht.« Mein Sohn sah mir direkt in die Augen und antwortete: »War das Ironie, Mama?«

Kinder sind hellhörig. Sie haben einen eingebauten Lügendetektor, der sofort anschlägt, wenn Erwachsene nicht ehrlich sind. Mein Sohn, gerade mal vier Jahre alt, spürte das sofort. Im besten Fall sind Kinder verwirrt, wenn Eltern nicht sagen, was Sache ist. Vermutlich aber spüren sie Unlust. Es ist gruselig, mit jemandem zusammen zu sein, der sich hinter einer Maske verbirgt. Denn wer ist das hinter der Maske eigentlich? Im schlimmsten Fall beginnen Kinder zu zweifeln, und zwar an sich selbst. »Stimmt etwas an mir nicht? Ist das der Grund, warum meine Eltern nicht sagen, wie es wirklich ist?«

Was ist mir als Mutter wirklich wichtig?

Für mich selbst kam der Wendepunkt im Zusammenhang mit einem Kurs in Aktiver Elternschaft. Ich hatte mich in der Hoffnung angemeldet, so die letzten kleinen Risse in meiner nach eigener Ansicht perfekten Elternschaft zu kitten. Stattdessen fiel alles in sich zusammen, als ich auf einmal kapierte, wie wenig Zutrauen zu meinem eigenen Elternsein ich hatte. Und wie viel Zutrauen ich zu Anna Wahlgren hatte (sicherheitshalber möchte ich betonen, dass nichts von dem, was ich schreibe, als Kritik an Anna Wahlgren gedacht ist. Was ich beschreibe, ist mein eigenes Verhältnis zum Kinderbuch und dessen Forum). Fast immer, wenn ich auf ein unlösbares Problem gestoßen war, hatte ich mich ins Forum eingeloggt oder in Annas Buch geblättert, um dort Annas Tipps zu finden, wie ich mich verhalten sollte.

Der Elternkurs ermutigte mich dazu, Stellung zu beziehen zu allem, was mir in meiner Elternschaft wichtig war. Wie wollte ich als Elternteil sein? Welche Werte wollte ich vermitteln? Und welche wollte ich über Bord werfen? Das war ein langer und teilweise auch schmerzlicher Prozess, in dem ich vieles neu bewertete, oft von Schuld, Scham und Verzweiflung übermannt, weil es nicht die eine, richtige Antwort gab, sondern immer ein einerseits und andererseits. So viele Möglichkeiten, etwas zu tun. Ich musste mich nicht länger ins Forum einloggen, um dort die Antwort von jemand anderem zu finden. Ich konnte mich in mich selbst einloggen und dort die Antwort finden. Das fühlte sich großartig an. Echt. Die Disharmonie, die ich früher so oft verspürt hatte, wenn ich etwas getan hatte, das gegen meine Prinzipien verstieß, verschwand. Genauso wie der Frust und Ärger darüber, Dinge zu tun, die ich nicht mochte. Denn jetzt übernahm ich die Verantwortung für meine Entscheidung. Ich tat, was ich wollte, und der Rest konnte mir den Buckel runterrutschen.

Meine Hoffnung beim Schreiben dieses Buches ist, dass du Inspiration und Unterstützung darin findest, weil du Stellung beziehst zu dem, was für dich wichtig ist, und in Übereinstimmung damit handelst. Denk an mein Buch wie an ein Kochbuch. Wenn man sich festgefahren hat und nach neuen Ideen sucht, kann man es aufschlagen und Inspiration darin finden. Ein Vorschlag klingt verlockend, ein anderer nicht. Manches spricht einen sofort an und man wundert sich vielleicht, warum man auf diesen Gedanken nicht selbst gekommen ist. Manches verändert man ein bisschen und passt es dem Familiengeschmack an. Manchmal traut man sich auch und testet ganz neue Dinge. Manchmal will man einfach nur Hilfe dabei haben, ein wenig anders zu denken, aber innerhalb des alten und vertrauten Rahmens. Es gibt viele Möglichkeiten, ein Kochbuch zu lesen. Ich bezweifle allerdings, dass es irgendeinen Menschen gibt, der es von Anfang bis Ende liest und dann genau alles tut, was darin steht.

Ein paar Worte über das schlechte Gewissen

Unsere Kinder sind das Kostbarste, was wir haben. Wenn man manchmal entdeckt, dass man etwas getan oder gesagt hat, das nicht auf der Linie dessen liegt, was man für sich selber wünscht, ist die Gefahr sehr groß, in Selbstkritik und schlechtem Gewissen zu ertrinken: »Ich hätte ihn niemals so nennen dürfen!« »Dass ich es nie lassen kann, meine Tochter zu kritisieren!« »Ich sollte wirklich mehr mit meinen Kindern spielen!«

Am Ende des Buches widme ich ein ganzes Kapitel der Frage, wie man mit diesen Zweifeln und dem schlechten Gewissen umgehen kann; jetzt möchte ich betonen, was du und ich und alle anderen Eltern längst wissen: Eltern zu sein ist ganz schön schwer!

Wir wollen mit denen, die wir lieben, gut umgehen, aber was ist eigentlich das Beste für sie? Und wie soll man das wissen? Und wie soll man das zusammenbekommen mit dem, was auch für andere Menschen das Beste ist? Und für einen selbst? Die Elternschaft kommt einfach mit sehr viel mehr Fragen als Antworten im Gepäck.

Es ist immer leichter gesagt als getan! Bist du wirklich immer so klug und machst es richtig mit deinen Kindern? Das sind Fragen, die mir Eltern stellen, die ich bei Vorlesungen oder in Kursen treffe. Ich schätze es sehr, weil diese Fragen die Unruhe spiegeln, nicht zu genügen. Vielleicht geht der Gedanke ungefähr so: Natürlich will ich, dass es meinen Kindern gut geht, aber wie viel kann man von wohlmeinenden und kämpfenden Eltern eigentlich verlangen?

Nein, ich befolge meine eigenen Ratschläge nicht immer. Ich lebe nicht immer nach meinem eigenen Ideal. Dieses Buch ist keine Beschreibung meiner eigenen Elternschaft, zumindest nicht der ganzen. Es gibt Tage, an denen werde ich laut, an denen höre ich nicht zu und wünsche mir einfach nur, dass die Kinder einfach tun, was ich ihnen sage, und nicht immer alles infrage stellen. Und ich glaube, das ist absolut in Ordnung so. Ich will, dass meine Kinder zu Individuen heranwachsen, die sich selber mögen und wissen, dass niemand perfekt sein muss. Dafür sind erwachsene Vorbilder nötig. Sie brauchen Menschen um sich herum, die das Beste für sie wollen, die nach bestem Vermögen für einen guten Rahmen sorgen, dabei aber immer zwischen »passend« und »perfekt« unterscheiden können. Menschen, die ein Ziel haben und Ideale, denen sie nachstreben, mit sich selbst freundlich und verzeihend umgehen und sich etwas zutrauen, wenn sie einmal nicht ganz bis ans Ende des Wegs gegangen sind.

2 Selbstwertgefühl

Es gibt wohl wenige Wörter, die man so oft und in so unterschiedlichen Zusammenhängen verwendet und die einen so positiven Klang haben wie »Selbstwertgefühl«. Alle scheinen sich einig darin zu sein, dass Selbstwertgefühl wichtig ist. Allerdings ist man sich deutlich weniger einig darin, was Selbstwertgefühl eigentlich ist. Deswegen möchte ich gerne verdeutlichen, was ich darunter verstehe.

Ich gehe davon aus, dass Selbstwertgefühl zwei Dimensionen hat. In der ersten Dimension geht es um das Bewusstsein, das ich von mir selber habe: um meine Talente, meine Gedanken, meine Gefühle, meine Nöte, meine Wünsche und meine Träume. In der anderen Dimension geht es darum, dass ich mich so akzeptiere, wie ich bin. Jemand mit gesundem Selbstwertgefühl akzeptiert sich selbst und mag sich so, wie er ist. Diese Person erlebt sich als tüchtig, in allen Gedanken, Gefühlen und Bedürfnissen. Mit all ihren Wünschen und Sehnsüchten. Mit all ihrer Stärke, aber auch mit ihren Schwächen.

Selbstwertgefühl nährt sich im Zusammenspiel mit den Menschen, die für uns am wichtigsten sind. Ein Kind, dessen Selbstwertgefühl gut entwickelt ist, lebt zusammen mit Menschen, die sich für seine Gedanken, Gefühle und Nöte interessieren, die es respektieren, es sehen und hören, es schätzen und ernst nehmen.

Kurz gesagt, dieses Kind erlebt sich als interessant und wertvoll für die Menschen, die ihm am nächsten stehen. Ein Kind aber, das ein schwankendes Selbstwertgefühl hat und daran zweifelt, ob es interessant und wertvoll für die Menschen in seiner nächsten Umgebung ist, begegnet oft Gleichgültigkeit, Kritik, Wut oder Ironie.

Selbstwertgefühl wird manchmal mit einer Impfung verglichen, die ein Individuum davor schützt, sich selbst in schlechtem Licht zu sehen, wenn etwas misslingt, wenn es mit Kritik, Widerstand oder Ablehnung zu tun hat. Das sehe ich auch so. Mit der Einschränkung allerdings, dass eine Impfung keinen kompletten Schutz gibt. Wenn ich ein gutes Selbstwertgefühl habe und du als Leserin mein Buch kritisierst, dann denke ich womöglich, wie traurig es ist, dass ich dir kein besseres Leseerlebnis vermitteln konnte. Das hätte ich ja gerne getan. Deine Kritik hat aber keinen Einfluss darauf, wie ich mich selber sehe und akzeptiere. Ich empfinde mich trotzdem als tüchtig und wertvoll. Der Schutz, den das Selbstwertgefühl verleiht, ist allerdings nicht allumfassend. Wenn ich immer wieder von unterschiedlichen Menschen, die ich treffe, kritisiert werde, für meine Sprache und meine Ansichten, für die Art wie ich bin, für meine intellektuellen und sozialen Talente, schadet das irgendwann meinem Selbstwertgefühl. Wenn ich oft genug höre, dass ich und das, was ich tue, nicht ausreichen, werde ich vermutlich bald zu dem Schluss kommen, dass wohl etwas daran ist. Kurz gesagt: Ein gut entwickeltes und gesundes Selbstwertgefühl ist robust und stabil, aber es ist weder unverletzlich noch konstant.

Selbstvertrauen und Selbstwertgefühl

Es ist wichtig, zwischen Selbstwertgefühl und Selbstvertrauen zu unterscheiden. Man könnte sagen, Selbstwertgefühl hängt mit dem Wesen eines Menschen zusammen und Selbstvertrauen mit dem, was ein Mensch tut. Ein gutes Selbstvertrauen zu haben bedeutet, dass man in der Lage ist, zu liefern. Es wächst, wenn man etwas hinbekommt oder für eine Leistung anerkannt wird.

Im Unterschied zum Selbstwertgefühl variiert das Selbstvertrauen je nach Situation. Eine Person kann zum Beispiel ein sehr gutes Selbstvertrauen haben, wenn es um bestimmte Dinge geht, zum Beispiel Sport oder andere körperliche Übungen. Und gleichzeitig kann ihr Selbstvertrauen sehr schwach ausgeprägt sein, wenn es etwa darum geht, vor einer Gruppe von Menschen zu sprechen oder für sie zu kochen.

Auch wenn es in der Theorie nützlich ist, zwischen Selbstwertgefühl und Selbstvertrauen zu unterscheiden, ist das im Alltagsleben nicht üblich. In der Praxis sehen viele Menschen einen Zusammenhang zwischen Leistung und Selbstwert und bewerten sich selbst aufgrund ihrer Leistungen. Ich möchte daher unterstreichen, dass ich, wenn ich darüber spreche, wie Erwachsene das Selbstwertgefühl von Kindern stärken können, dies unabhängig von den Leistungen des Kindes sehe.

Warum ist Selbstwertgefühl so wichtig?

»Ich bin gut, genauso wie ich bin.« »Ich muss nichts an mir ändern, damit andere Menschen mich lieben.« Davon überzeugt zu sein ist wertvoll und wichtig. Ich bin fest davon überzeugt, dass die meisten Eltern ihre Kinder mit genau diesem Zutrauen auf ihren Weg durchs Leben schicken möchten. Wie wir unseren eigenen Wert sehen, hat Auswirkungen auf unser Verhalten gegenüber uns selbst, gegenüber anderen Menschen und auch gegenüber den Herausforderungen und Freuden des Lebens. Selbstwertgefühl spielt eine große Rolle. Ich möchte einige Beispiele geben.

- Selbstwertgefühl hängt zusammen mit unserem Vermögen, authentisch zu agieren, also in Übereinstimmung mit den eigenen Bedürfnissen und Werten statt aufgrund von Gesetzen, Strafen oder Belohnungen. Es ist sehr viel einfacher, für die eigenen Bedürfnisse und Werte einzustehen (zum Beispiel keinen Alkohol zu trinken, obwohl die Freunde sich darüber lustig machen), wenn man selbst akzeptiert, was man tut.
- Eng verbunden mit Authentizität ist Integrität, also eine Haltung, die andere darum bittet, die eigenen Bedürfnisse zu respektieren und sich so zu verhalten, dass sie respektiert werden (»Sei so lieb und frage, bevor du mich umarmst. Ich möchte selbst entscheiden, ob ich Körperkontakt haben möchte oder nicht«). Auch wenn man sich selbst akzeptiert, ist es nicht einfach, so zu reagieren, und doch ist es viel einfacher als für jemanden, der an seinem eigenen Wert zweifelt. Denn wie soll man dann glauben, dass die eigenen Bedürfnisse wertvoll sind? Wie soll man glauben, dass ein anderer daran interessiert ist, wie es einem geht?

- Wenn man weiß, dass man tüchtig ist, so wie man ist, dann wagt man es auch, selbstständig zu sein, also eigene Träume zu haben und eigene Wege im Leben zu gehen und sich zu verwirklichen (zum Beispiel in der Oberstufe zusätzliche Mathe-Nachhilfestunden zu nehmen, auch wenn niemand sonst in der Klasse das tut und viele sagen, dass das nicht nötig sei). Man weiß ja, dass man wertvoll ist, unabhängig davon, ob man so ist wie alle anderen oder nicht. Wenn man aber daran zweifelt, wenn man glaubt, dass man sein wirkliches Ich verstecken muss, um geliebt und akzeptiert zu werden, ist es ziemlich unlustig, anders als die anderen zu sein. Dann geht man lieber denselben Weg wie die meisten und versucht, sich anzupassen.

- Auch der Mut ist verbunden mit dem Selbstwertgefühl. Mutig zu sein bedeutet, unberechenbar zu sein. Dinge zu tun, bei denen man nicht weiß, ob sie einem gelingen. Wenn man ein gesundes Selbstwertgefühl hat, weiß man, dass man wertvoll ist, egal wie die Leistung ausfällt. Deshalb ist es vergleichsweise einfach, neue Sachen auszuprobieren und ein Misslingen zu riskieren (zum Beispiel solo zu singen beim Abschlusskonzert der Schule, auch wenn man nicht weiß, was die anderen denken). Mit schwachem Selbstwertgefühl aber zweifelt man, dass man gut genug ist, und verbindet den eigenen Wert mit der erbrachten Leistung. Deswegen bevorzugt man sicheres Terrain, man macht Dinge, bei denen man davon ausgehen kann, dass man klarkommt, statt sich dem Risiko des Misslingens auszusetzen (»Denk nur, wenn die anderen finden, dass ich schlecht singe! Es ist besser, dass ich gar kein Solo singe, sondern wie immer nur im Chor bin«).

- Wer ein gesundes Selbstwertgefühl hat, ist sich der eigenen Gefühle bewusst und akzeptiert sie. Auf diese Weise wird es auch leichter, jede Art von Gefühl auszudrücken, nicht nur die sozial akzeptablen wie Freude oder Dankbarkeit, sondern auch die eher tabuisierten wie Unsicherheit, Wut, Angst und Kummer. Wenn das Selbstwertgefühl schwach ausgeprägt ist, will man am liebsten vermeiden, negative Gefühle zu zeigen. Man befürchtet, dass es als Zeichen mangelnder Stärke oder gar des Misslingens gedeutet wird, wenn man weint, wütend ist, oder Angst hat. Deswegen fühlt es sich am sichersten an, immer eine freudige Maske zu tragen, egal, was ich dahinter befindet.

- Die Fähigkeit, Bindungen einzugehen, wird geprägt von gegenseitigem Respekt und ist ebenfalls mit dem Selbstwertgefühl verbunden. Wenn dieses schwach ist, zweifelt man, ob man gut genug ist, so wie man ist. Das ist ganz schön anstrengend. Deswegen kann es sehr schön sein, wenn man andere findet, die ebenfalls nicht gut genug sind. Sie dürfen gerne auch ein bisschen weniger gut sein als man selber, weil man dann vielleicht ein oder zwei Stufen in der eigenen Rangliste emporklettert. Eine Person mit schwachem Selbstwertgefühl vergleicht sich immer mit anderen Menschen und bemüht sich, an ihnen Fehler zu finden (»Ha ha ha! Ich habe eine bessere Mathearbeit als Jonas geschrieben. Er konnte nicht mal diese leichte Aufgabe lösen!«). Manchmal hat man Erfolg, manchmal nicht und dann sucht man den Fehler bei sich selbst (»Mia kann viel besser zeichnen als ich!«). Unabhängig davon, wie schlecht die Voraussetzungen sind, für eine Beziehung ist es wichtig, wenn man sowohl sich selbst als auch dem anderen mit Respekt begegnet. Wer ein gesundes Selbstwertgefühl hat, weiß, dass er wertvoll ist, dass jeder Mensch, jeder auf seine Weise, wertvoll ist. Er weiß, dass er sich nicht vergleichen muss, dass er beim anderen keine Fehler suchen muss, um sich seines eigenen Werts zu versichern. So ist es natürlich auch leichter, Beziehungen zu entwickeln, die von gegenseitigem Respekt geprägt sind.

Selbstwertgefühl auf dem Silbertablett?

In diesem Buch dreht sich alles darum, wie man als Erwachsener das Selbstwertgefühl von Kindern stärkt. Aber Selbstwertgefühl ist nichts, was Erwachsene einem Kind »geben« könnten. Ich stelle mir immer vor, dass Kinder auf die Welt kommen und einen kleinen Samen von Selbstwertgefühl in sich tragen. Wir Erwachsene können gute Lebensbedingungen für diesen Samen schaffen, damit er sich entwickeln und wachsen kann. Ein gesundes Selbstwertgefühl zu entwickeln ist ein Prozess beim Kind, den wir als Eltern genauso wie auch andere Menschen in der Umgebung des Kindes stützen können. Leider passiert es immer wieder, dass wir trotz der besten Absichten Dinge tun, die diesen Prozess stören.

Ich bin davon überzeugt, dass wir Eltern nur das Beste für unsere Kinder wollen. Fast alles, was wir tun, dreht sich darum, unseren Kindern zu helfen, entweder in diesem Moment oder auf lange Sicht, damit sie sich zu Menschen entwickeln, die man schätzt und akzeptiert. Wir wollen das Richtige tun und doch ist es manchmal so, dass wir das Selbstwertgefühl unserer Kinder schädigen. In diesem Buch möchte ich einige der typischen Situationen, in denen das passieren kann, beleuchten. Vielleicht kann ich so dazu beitragen, dass du als Mutter oder Vater Inspiration und Ideen entwickelst, anders zu handeln.

3 Dein Kind – ein anderes Du

Wie kann ich das Selbstwertgefühl meiner Kinder stärken? Wie schaffe ich Kontakt und Vertrauen in der Beziehung zu meinen Kindern? Wie kann ich sie stützen und ermuntern, ohne dass sie sich unter Druck gesetzt fühlen oder denken, sie seien nicht gut, so wie sie sind? Wie löst man Konflikte, ohne zu kränken, zu drohen oder zu bestechen? Das sind Fragen, die in meinen Begegnungen mit Eltern immer wieder auftauchten. Meine Antworten spiegeln meine Annahmen über Kinder, Eltern und Beziehungen wider.

Unterschiede und Ähnlichkeiten

Es gibt deutliche Unterschiede zwischen Kindern und Erwachsenen. Erwachsene sind größer (versteht sich von selbst). Sie haben mehr Geld, mehr materielle Möglichkeiten und bedeutend mehr Macht. Sie können sich besser ausdrücken. Sie haben mehr Wissen, größere Lebenserfahrung, mehr Fähigkeiten und können sich um sich selber kümmern. Sie haben mehr Freiheit, Beschlüsse über ihr eigenes Leben zu fassen, sie haben aber auch mehr Pflichten und eine größere Verantwortung.

Diese und andere Unterschiede zwischen Kindern und Eltern versperren oft den Blick und überdecken, dass es auch viele Gemeinsamkeiten gibt. Das ist schade, denn viele dieser Gemeinsamkeiten sind wichtiger als die Unterschiede. Kinder und Erwachsene ähneln sich darin, dass sie die gleichen grundlegenden Gefühle und Bedürfnisse haben. Kinder wie Erwachsene erleben Angst, Unruhe, Freude, Kummer, Vorfreude, Ärger und viele andere Gefühle in ihrem Leben. Kinder und Erwachsene sehnen sich nach Liebe, Nähe, Gemeinschaft, Vertrauen, Fürsorge, Verständnis, Ruhe und Freiheit – um nur einige der Bedürfnisse zu nennen, die alle Menschen gemeinsam haben.

Es gibt einen indianischen Stamm, dort begrüßt man Menschen, denen man begegnet, mit den Worten »Ich bin ein anderes Du«, als Erinnerung daran, dass wir in unserem Innersten alle gleich sind. Der Gedanke des »anderen Du« ist für meine Arbeit zentral. Ich gehe davon aus, dass meine Kinder ein anderes Ich sind. Ich gehe davon aus, dass deine Kinder ein anderes Du sind. Kinder sind keine andere Spezies, die nach anderen Prinzipien funktioniert als wir Erwachsenen. Wenn ich nicht schätze, dass man mir droht, glaube ich kaum, dass meine Kinder das mögen. Wenn ich sauer bin und mehr Respekt einfordere, wenn meine Mutter mich »schlampig« findet, gilt das mit größter Gewissheit auch für meine Kinder. Der Gedanke, dass mein Partner mir ein goldenes Sternchen gäbe, wenn ich putzte, fühlt sich ziemlich bescheuert an (ich möchte in unserer Beziehung größere Wertschätzung erfahren). Also kann ich getrost davon ausgehen, dass goldene Sternchen auch für meine Kinder nicht gerade lustvoll sind.

Behandle Kinder so, wie du selbst behandelt werden willst

Deshalb folgen die Anregungen, die ich in meiner Elternarbeit weitergebe, einem klaren Prinzip: Behandle deine Kinder so, wie du selbst behandelt werden möchtest. Dieses Prinzip klingt einleuchtend, aber ich erlebe viele Erwachsene, die es auf der Jagd nach »Methoden und Werkzeugen« für »funktionierende« Beziehungen mit ihren Kindern glattweg übersehen.

Ich kann mir nur schwer einen Arbeitsplatz vorstellen, an dem der Chef wütend »Nein!« oder »Pfui!« ruft oder seine Mitarbeiter beschämt, wenn einer etwas falsch gemacht hat (»Wie oft soll ich dir eigentlich noch sagen, dass du auf Personal-Meetings nicht mit mir diskutieren sollst?«). Es fällt mir schwer, mir ein Pflegeheim vorzustellen, in dem das Personal die Bewohner ignoriert, wenn sie sich beim Kaffeetrinken verquatschen, und sie mit Murmeln belohnt, wenn sie sich alleine beschäftigen (»Da hast du 10 Murmeln, Bennie! Am Freitag bekommst du ein extra Bingo-Brett«). Einwände von Bewohnern, Angestellten, Pflegern und Angehörigen würden wohl nicht lange auf sich warten lassen. Der Ruf nach Respekt und Wertschätzung würde sehr laut erschallen.

Und doch weiß ich, dass genau diese Methoden täglich in vielen Familien angewendet werden. Es erfüllt mich mit Sorge, wenn ich sehe, dass etwas, das selbstverständlich für Beziehungen zwischen Erwachsenen gilt, nicht genauso selbstverständlich für die Beziehung zwischen Kindern und Erwachsenen gilt.

Macht und Gleichberechtigung

Die Gedanken, Gefühle und Bedürfnisse von Kindern sind so wichtig und so wertvoll wie die von Erwachsenen. Ich möchte aber klarstellen, dass »gleich viel wert« nicht gleichzusetzen ist mit »gleich viel Macht«. Da Kinder von der Fürsorge ihrer Eltern abhängig sind, gibt es natürlich ein Machtgefälle. In einer Familie haben Eltern die Macht. Und so soll das auch sein. Wichtig ist, wie Eltern mit Macht umgehen und wie sie sich ihren Kindern gegenüber gleichwürdig verhalten.

Gleichwürdigkeit drückt sich aus in unseren Gedanken und Gefühlen und in allem, wie wir uns gegenüber unseren Kindern ausdrücken. Nehmen wir deren Gedanken und Gefühle genauso ernst wie unsere oder wischen wir sie vom Tisch mit Bemerkungen wie »Nein, du kannst doch nicht jetzt schon hungrig sein!« oder »Das ist doch kein Grund, sauer zu sein!« vom Tisch? Was bedeutet nun meine Behauptung, dass die Bedürfnisse von Kindern und die von Erwachsenen sehr ähnlich sind?

Familie bedeutet, mit Konflikten umzugehen

Familienleben ist von ständigen Konflikten zwischen unterschiedlichen Familienmitgliedern und deren Zielen geprägt. Für diese Konflikte braucht man ziemlich viel Kraft. Soll ich mein Kind dazu zwingen, mit ins Ferienhaus zu kommen, obwohl es lieber zu Hause bleiben und mit seinen Freunden spielen möchte, oder soll etwa ich zu Hause bleiben und ein Wochenende im Grünen verpassen? Soll ich mit meinem Kind und dessen Autos spielen oder soll ich sagen, wie es wirklich ist, dass ich nämlich lieber meine Zeitung lesen möchte? Wessen Ziele und Wünsche sind wichtiger? Diese Frage drängt sich immer wieder auf. Manchmal setzen wir Eltern unsere Ziele und Wünsche vor die der Kinder, manchmal machen wir es andersherum. Keins davon fühlt sich richtig gut an. Entweder ist man ein Egoist oder man gehört zu den Helikopter-Eltern.

Ich bin der Überzeugung, dass man sich nicht immer für die eine oder die andere Seite entscheiden muss. Meistens ist es möglich, eine Lösung zu finden, die Kindern und auch Erwachsenen entgegenkommt. Ich werde gleich ein Beispiel dafür geben, wie sich das in der Praxis anfühlen kann, aber zuerst möchte ich drei wichtige Annahmen vorstellen (»Annahmen« sind zentral in der gewaltfreien Kommunikation).

Annahme 1: Was wir tun, soll uns nützen

Ich bin davon überzeugt, dass alles, was wir Menschen tun, egal ob als Kinder oder als Erwachsene, dazu dient, unsere eigenen Bedürfnisse zu befriedigen. Ich schreibe dieses Buch, weil ich mein Bedürfnis, Bedeutung und Hoffnung zu erleben, befriedigen möchte. Ich schreibe es auch, weil Ich einen Beitrag für andere Menschen leisten möchte (ich möchte gern glauben, dass es Menschen gibt, die lesen und wertschätzen, was ich schreibe), und vielleicht auch, weil ich gesehen und gehört werden möchte. Heute Morgen habe ich meine Mutter angerufen, weil ich das Bedürfnis nach Kontakt mit ihr hatte. Und in einer Viertelstunde werde ich das Geschirr aus der Spülmaschine ausräumen. Das mache ich, weil ich ein Bedürfnis nach Ordnung um mich herum habe.

In diesem Zusammenhang muss man unterscheiden zwischen Bedürfnissen auf der einen und Strategien auf der anderen Seite. Bedürfnisse sind allgemein, sie hängen nicht von einem Zeitpunkt, einer Person oder einem Ort ab. Alle Menschen haben dieselben grundlegende Bedürfnisse, zum Beispiel nach Nahrung, Liebe und Gemeinschaft. Hier sind ein paar Beispiele für Bedürfnisse, die wir alle haben (am Ende des Buches findet sich eine längere Liste, S. 146):

- körperliche Bedürfnisse wie Nahrung, Luft, Wasser, Berührung, Bewegung
- das Bedürfnis nach Autonomie und Selbstständigkeit
- das Bedürfnis nach Gegenseitigkeit, zum Beispiel Nähe, Liebe, Kontakt, Gemeinschaft, Respekt
- das Bedürfnis nach Spielen, Lachen und Humor
- geistige Bedürfnisse wie die nach Harmonie, Ruhe, Inspiration

Um all diese Bedürfnisse zu befriedigen, nutzen wir sehr unterschiedliche Strategien. Wir alle brauchen etwas zu essen. Eine Strategie wäre, Lebensmittel einzukaufen. Man kann aber auch ins Restaurant gehen. Oder man zieht sein eigenes Gemüse. Es wäre sogar möglich, beim Nachbarn einzubrechen und dessen Essen zu stehlen. Auch das ist eine Strategie, auch wenn unser Nachbar sie vermutlich nicht besonders schätzt.

Annahme 2: Unterschiedliche Strategien

Nehmen wir also an, die Polizei kommt genau in dem Moment, in dem ich den Brotkasten in der Küche des Nachbars geöffnet habe. Da werden die Polizisten vermutlich nicht zu mir sagen: »Na, Sie haben bestimmt Hunger!« Sie werden mich vermutlich ermahnen, mir Nahrung auf eine andere Weise zu beschaffen, mit anderen Worten, eine andere Strategie anzuwenden. Das illustriert meine zweite Annahme: Strategien kann man wechseln. Meistens gibt es mehr als einen Weg, ein Bedürfnis zu befriedigen. Es gibt mehr als einen Ausdruck für Liebe, mehr als eine Art, Gemeinschaft zu erleben, mehr als eine Quelle der Inspiration und so weiter.

Annahme 3: Konflikte und Wahl der Strategie

Es ist äußerst selten, dass Bedürfnisse selbst im Konflikt miteinander stehen. Es sind in der Regel die Strategien, die wir zur Befriedigung unserer Bedürfnisse wählen, die zu Konflikten führen. So gibt es zum Beispiel keinen Konflikt zwischen den beiden Bedürfnissen nach Gemeinschaft und nach Freiheit. Der Konflikt entsteht, wenn ich der Meinung bin, wir sollten etwas Gemeinsames tun, etwa täglich um 18:00 Uhr zusammen beim Abendbrot sitzen, meine Kinder aber lieber bis um 18:30 Uhr draußen spielen wollen. Es gibt auch keinen wirklichen Konflikt zwischen den Bedürfnissen nach Ordnung und nach Entspannung. Der Konflikt entsteht, wenn meine Kinder gerade jetzt lieber fernsehen wollen (entspannen), statt ihre Sachen wegzuräumen, ich aber will, dass sie genau jetzt aufräumen.

Lösungen, die für Kinder und Eltern gut sind

Wenn man von den drei genannten Annahmen ausgeht, erweitert das den eigenen Blick. Man schaut dann weniger auf die Strategien, sondern auf das dahinterliegende Bedürfnis. Das hat zur Folge, dass man nach neuen Strategien sucht, die sowohl kindlichen als auch elterlichen Bedürfnissen zugutekommen.

Lass uns annehmen, dass du im Wohnzimmer fernsehen möchtest. Du liebst es, nach dem Abendessen auf diese Weise abzuschalten. Für dich ist das Entspannung, gleichzeitig wollen deine Kinder nach dem Essen miteinander spielen. Sie waren den ganzen Tag getrennt und sehnen sich jetzt nach gemeinsamem Spiel. Und am liebsten möchten sie intensive und lautstarke Rollenspiele im Wohnzimmer spielen.

Wenn du dich darauf konzentrierst, dein eigenes Bedürfnis zu erfüllen, ist der Konflikt programmiert. Du willst nämlich fernsehen und dabei auch gerne hören, was gesagt wird, und deine Kinder wollen lautstark im selben Zimmer spielen. Also wirst entweder du oder deine Kinder oder im schlimmsten Fall ihr alle drei zu den Verlierern gehören. Wenn du aber für einen Moment den Fokus änderst und schaust, welches Bedürfnis dahinterliegt, ist der Konflikt nicht länger unvermeidlich. Die Frage ist also, wie man es anstellen kann, dass alle bekommen, was sie brauchen. Es gibt einige mögliche Lösungen. Und hier kommen ein paar Vorschläge:

- Du kannst im Schlafzimmer fernsehen.
- Du kannst mit Kopfhörern fernsehen.
- Du kannst einen Spaziergang machen (wenn du zu den Menschen gehörst, die das entspannend finden).
- Die Kinder können in einem anderen Zimmer spielen.
- Die Kinder können ein anderes, leiseres Spiel spielen.
- Die Kinder können rausgehen und spielen.

»Aber wenn ich in ein anderes Zimmer gehe, dann lasse ich mich von den Kindern rumkommandieren«, denkst du vielleicht. Es deutet einiges darauf hin, dass die Kinder nicht nur gemeinsam spielen wollen, sondern auch ein Bedürfnis nach Nähe haben. Für gute Lösungen muss man mehrere Bedürfnisse berücksichtigen, aber das Verhalten ist immer das gleiche: eine Handlungsalternative zu finden, die Rücksicht auf alle nimmt oder doch auf so viele Bedürfnisse wie möglich. Könnten die Kinder eine Weile mit dir auf dem Sofa kuscheln und fernsehen? Könntest du auf dem Sofa liegen und die Kinder bauen darunter eine Höhle? Kannst du dich eine Weile auf dem Bett ausruhen und danach fernsehen? Gibt es noch jemanden im Haus, der sich um das Bedürfnis nach Nähe kümmern könnte?

Rücksichtsvolle Alternativen machen glücklicher

Wenn ich Eltern zeige, wie man mit Konflikten auch umgehen kann, spüre ich oft große Erleichterung. Ich erinnere mich an einen Vater, der ein schlechtes Gewissen hatte, weil er sehr selten mit seinem Sohn spielte. Seine Vorstellung von einem guten Vater beinhaltete, viele Stunden im Kinderzimmer auf dem Boden zu liegen und Autorennen samt Unfällen zu spielen. Tatsächlich aber hasste er jede Minute, die er so zubrachte. Für ihn war es herrlich, zu verstehen, dass sein Nein nicht hieß, dass er die Bedürfnisse seines Sohnes nach Gemeinschaft und Spielen ignorierte. Es war möglich, auf die Bedürfnisse seines Sohnes einzugehen und gleichzeitig Nein zu sagen zu diesem Spiel. Es ging nur darum, etwas zu finden, was man gemeinsam tun konnte und was seinen Bedürfnissen genauso gerecht wurde wie denen seines Sohnes. Als sie gemeinsam darüber nachdachten, entwickelten sie ein neues, gemeinsames Lieblingsspiel. Sie bauten Murmelbahnen.

Ich erinnere mich an eine Mutter, die vom schlechten Gewissen geplagt war, weil sie und ihr Mann mehrmals in der Woche außer Haus zu Abend aßen, wenn die Kinder bereits schliefen. Sie sehnte sich nach Mahlzeiten, die von Gemeinschaft und Gespräch geprägt waren. Tatsächlich drehten sich die Familien-Mahlzeiten aber meist darum, sich vor klebrigen Ketchup-Händen in Acht zu nehmen, verschüttete Milch aufzuwischen und niemals auch nur einen Satz zu Ende zu bringen. So gab sie schließlich dem Wunsch ihres Mannes nach. Sie war sehr erleichtert, als sie verstand, dass sie deswegen ihren Kindern gegenüber nicht gleichgültig war. Sie und ihr Mann waren keine schlechten Eltern, sie hatten sich einfach auf kluge Weise um die Bedürfnisse der ganzen Familie gekümmert. Abends nahmen die beiden sich viel Zeit für das Gute-Nacht-Ritual mit den Kindern, sie besprachen, was am Tag gut oder schlecht gewesen war. Auch am Morgen saßen die Eltern häufig eine Weile mit den Kindern auf dem Sofa und führten Gespräche über das Leben. Das Bedürfnis nach Gemeinschaft und Kontakt wurde befriedigt, nur auf andere Weise als in anderen Familien.

Manchmal setzen Eltern ihr Bedürfnis durch, was auf Kosten der Kinder geht, und manchmal ist es umgekehrt. Es muss so nicht sein, man kann Wege finden, beiden Bedürfnissen abzuhelfen – wenn auch nicht immer zu diesem speziellen Zeitpunkt oder mit dieser speziellen Sache.

Wer Bedürfnisse auf Kosten anderer durchsetzt, macht unglücklich. Denn das Erlebnis, zu etwas gezwungen zu sein, schwächt den Zusammenhalt und das Vertrauen in eine Beziehung.

Der Wille, zukünftig zusammenzuarbeiten, der Wunsch, Rücksicht auf alle Bedürfnisse zu nehmen, nimmt immer weiter ab, wenn eine Partei verlangt, dass die andere gehorchen soll.

Wenn Konfliktlösungen beiden Seiten gerecht werden, wächst der Wunsch nach Zusammenarbeit. Der nächste Konflikt wird leichter zu lösen sein, der übernächste noch leichter. Für Kinder wird es so auch spürbarer, dass sie wichtig und wertvoll sind, wenn sie erfahren, dass Erwachsene ihre Bedürfnisse genauso ernst nehmen wie ihre eigenen. Einander als gleichwürdig zu sehen und Lösungen zu suchen, die allen Bedürfnissen gerecht werden, bedeutet, das Selbstwertgefühl zu stärken, und zwar nicht nur das der Kinder, sondern tatsächlich auch unser eigenes.

Ich bin okay und du bist es auch

Es reicht nicht, wenn Eltern bestimmte Dinge sagen und tun, damit sich eine gleichwürdige Beziehung zwischen ihnen und ihren Kindern entwickelt. Eltern brauchen den festen Willen, intensiven Kontakt mit und Verständnis für ihre Kinder zu entwickeln – indem sie zu verstehen versuchen, was ihre Kinder fühlen und brauchen. Und indem sie den Mut haben, auch über ihre eigenen Gefühle und Bedürfnisse zu sprechen. Eltern brauchen diese Offenheit, um für die in jeder Familie auftauchenden Konflikte gemeinsame Lösungen zu finden.

Um ein gleichwürdiges Verhalten besser zu erklären, nutze ich ein Modell aus der Transaktionsanalyse. Nach diesem Modell, es heißt »Das Okay-Gitter«, gibt es vier verschiedene Verhaltensweisen, die wir in den Beziehungen mit anderen Menschen zeigen. Diese Verhaltensweisen (= Positionen) sind nicht konstant, man wechselt zwischen ihnen (daher hat das Modell auch seinen Namen, in einem Gitter hüpft man ja vom einen in das andere Kästchen).

Das Modell veranschaulicht in Form eines Viererschemas, dessen Querspalte das Verhalten zu mir selbst (»Ich«) und dessen Längsspalte das Verhalten zu anderen (»Du«) zeigt. In beiden Spalten gibt es die gleiche Auswahl: Entweder denkt man, dass man bzw. der andere okay ist oder eben nicht. Das Gitter ist also ein Modell unserer eigenen Gedanken: Gedanken über mich und Gedanken über andere.

Das Okay-Gitter

	Ich bin okay	Ich bin nicht okay
Du bist okay	respektvoll	ungenügend
Du bist nicht okay	überlegen	ohnmächtig, hilflos

Quelle: Das hier gezeigte Modell ist eine Bearbeitung des sogenannten Corralogramms, das F. H. Ernst entwickelt hat.

1. Die erste Position im Okay-Gitter nennt man die gesunde Position. Wenn ich in dieser Position bin, empfinde ich mich und mein Gegenüber als okay. Das dominierende Gefühl ist gegenseitiger Respekt. Ich respektiere mich, aber auch mein Gegenüber. Das heißt aber nicht, dass man immer einer Meinung wäre. Es bedeutet, dass wir uns immer darum bemühen, den anderen zu verstehen und Lösungen zu suchen, die den Bedürfnissen beider gerecht werden. Auch wenn man am liebsten immer in dieser Position wäre, so gelingt das nicht immer. Wenn in unserer näheren Umgebung oder in uns selber etwas passiert, antworten wir auf diese Geschehnisse oft, indem wir die Position wechseln.

2. Die zweite Position im Okay-Gitter bedeutet, dass man sich selbst okay findet, nicht aber sein Gegenüber. In dieser Position denkt man darüber nach, wie man selber im Vorteil sein könnte. Ich bin klug und du nicht. Ich bin flexibel, du stur. Ich meine es gut, du hast Böses im Sinn. Und wenn wir ein Problem in unserer Beziehung haben, bin ich davon überzeugt, dass das dein Fehler ist.

3. Die dritte Position nennt man die depressive. Wenn ich mich in dieser Position befinde, denke ich, ich bin nicht okay, du aber schon. Ich sehe mich als unterlegen, ich halte mich für ungenügend und glaube, dass ich nichts tauge. Ich nehme die Verantwortung für die Probleme, die es in der Beziehung gibt, alleine auf mich und fühle Scham und Schuld.

4. Die vierte Position ist eine ganz und gar aussichtslose. Hier empfinde ich mich selbst, genauso aber auch mein Gegenüber, als nicht okay. Ich erlebe Hilflosigkeit, Ohnmacht oder starke Frustration.

Wir wechseln die Positionen rasend schnell

Es ist sehr leicht, die Positionen zu wechseln. Folgende Geschichte aus meiner Familie verdeutlicht das. Mein Sohn war ungefähr fünf Jahre alt und hatte Perlenbilder gelegt. Als er aufräumen sollte, geriet das Tablett mit den Perlen in Schieflage und hunderte kleiner Perlen rollten über den Küchenboden. »Hoppla!«, sagte ich, immer noch in der respektvollen ersten Position. »Sieht aus, als ob du jetzt mehr Arbeit hättest!« Aufgewühlt antwortete mein Sohn: »Das war nicht mein Fehler! Du hast die Perlen weggenommen. Ich denke gar nicht daran, aufzuräumen!«

Das war schnell gegangen. Ohne dass ich wirklich bemerkt hätte, wie es geschehen war, war ich in die Position gehüpft, in der ich okay war, mein Sohn aber nicht (ich war auf einmal überlegen). Jemandem die Schuld geben? Ich erinnere mich nicht an jedes einzelne Wort, aber bestimmt habe ich ihm gesagt, wie faul ich ihn fand. Ein sichtbares Resultat gab es nicht, mein Sohn saß weiter auf dem Boden, mit gekreuzten Armen.

Ich fand, es wäre an der Zeit, ihm eine Lektion zu erteilen. Deswegen holte ich den Staubsauger und erklärte ihm, was mit dem Perlen geschehen würde, wenn er sie nicht aufräumte. Ich hoffte, meine Drohung würde dazu führen, dass er aufräumte. Als aber nichts geschah, begann ich damit, die Perlen aufzusaugen. In genau diesem Augenblick fand ich mich ganz und gar nicht okay, meinen Sohn aber auch nicht (die ohnmächtige Position).

Mein Sohn begann zu weinen. Er warf sich auf den Boden und versuchte, die Perlen vor dem Staubsauger zu retten. Zunächst dachte ich, es sei wichtig, konsequent zu bleiben, und saugte einfach weiter. Aber dann bekam ich Gewissensbisse. Ich sah mein eigenes Verhalten von außen und ich sah die Verzweiflung meines Sohnes. Welch furchtbarer Anblick! Ich schaltete den Staubsauger aus, bat ihn um Verzeihung und begann damit, die Perlen vom Boden aufzuklauben. Als mein Sohn sein Schmusetier holte, sich auf dem Sofa zusammenrollte und einfach nur in Ruhe gelassen werden wollte, saß ich einsam auf dem Küchenboden und war mir sicher, dass mein Sohn eine bessere Mama verdient hätte als mich (die unzureichende Position).

Das hatte nicht länger als 5 Minuten gedauert und doch war ich durch alle vier Positionen gehüpft. Ich vermute, du erkennst dich wieder?

Entscheidend ist, wie wir etwas sagen oder tun

Wir Erwachsenen ändern unser Verhalten unseren Kindern gegenüber oft sehr schnell. Ruf dir dieses Okay-Gitter (S. 35) immer wieder vor Augen. Ich glaube nämlich nicht, dass es zur Stärkung des Selbstwertgefühls reicht, bestimmte Dinge nur zu sagen und zu tun. Es geht auch darum, wie wir etwas sagen und tun. Oder anders gesprochen: Wir müssen in der respektvollen Position des Okay-Gitters sein, damit das, was wir sagen und tun, von unseren Kindern als liebevoll erlebt wird und zur Gleichwürdigkeit in der Beziehung beiträgt. Man kann noch so schöne Worte sagen und Dinge tun, die an sich hilfreich für jemand anderen sind, und kann damit doch Kritik vermitteln. Das ist deshalb so, weil wir auf ganz unterschiedlichen Kanälen kommunizieren. Worte sind nur ein Teil unserer Kommunikation. Der Rest vermittelt sich durch Körpersprache, Tonfall und Gesichtsausdruck. Probiere es einmal aus! Versuche zu sagen: »Ich bin nicht sauer auf dich«, und zeige gleichzeitig mit Körper, Tonfall und Gesicht, dass du verflixt sauer bist. Ist ziemlich einfach, oder?

Wenn wir nicht in der respektvollen Position des Okay-Gitters sind, zeigt sich das meist an unserer nonverbalen Kommunikation. Eine hochgezogene Augenbraue, eine Spur Irritationen in der Stimme, ein halb abgewandtes Gesicht, all das spürt ein anderer und es beeinflusst die Übersetzung dessen, was du gesagt hast. Wenn man sich nicht in der respektvollen Position befindet, ist das Risiko für Störungen sehr groß. Es spielt wirklich keine so große Rolle, ob wir über alle praktischen Fähigkeiten, die Eltern haben sollten, vollständig verfügen, wenn wir nicht auch mit Körper, Gesicht und Stimme unseren Kindern vermitteln: »Ich respektiere dich genauso wie mich« (und das ist keineswegs das Gleiche, wie sich von Kindern auf der Nase herumtanzen zu lassen oder seine eigenen Bedürfnisse ständig zu unterdrücken).

Was aber tut man, wenn es einem nicht gelingt, in der respektvollen Position zu bleiben? Wenn man vielleicht denkt, man selbst ist okay, das Kind aber nicht? Meine Antwort ist, dass man dann am besten so wenig wie möglich tut. Häufig ist die Zeit ein entscheidender Faktor. Allein dadurch, dass man einen Moment wartet und darüber nachdenkt, was gerade passiert ist, wird es schon leichter, in die respektvolle Position zurückzufinden.

Kinder machen es wie die Erwachsenen

»Kinder machen das, was wir machen, nicht das, was wir sagen.« Diesen Satz hast du bestimmt schon oft gehört. Theoretisch stimmen wir auch zu, in der Praxis wird das oft vergessen. Ich lächle ein wenig, wenn ich das hinschreibe, und erinnere mich an eine Begebenheit mit meiner damals etwa sechsjährigen Tochter. Es war ein Morgen, an dem Wut und Übellaunigkeit in unser Haus einschlugen. Alle waren genervt. Alle schrien sich an. Keiner aß einfach nur sein Frühstück. Ich wollte den Kindern ihr Pausenbrot geben und erklären, welche Klamotten besonders ausflugstauglich sind, aber keiner hörte zu. Meine Tochter fing zu brüllen an, weil ihr Lieblingspulli schmutzig war. Es war wirkliche die Sorte Morgen, die man liebsten ganz aus der Erinnerung löschen würde. Aus reiner Ohnmacht wurde auch ich laut und schrie meine Tochter an: »Jetzt hör endlich auf zu brüllen!« Verwundert schaute sie mich an und sagte mit ernster Stimme: »Aber Mama, wenn du mich anschreist, verringert sich die Chance, dass ich zu schreien aufhöre, das verstehst du doch wohl? Wenn man will, dass Kinder etwas machen, muss man das selber auch tun.«

Ob wir wollen oder nicht, wir sind Vorbilder für unsere Kinder. Wenn wir ihnen zeigen, wie wichtig und wertvoll sie sind, wenn wir ihre Gefühle und Gedanken wirklich ernst nehmen, stärken wir ihr Selbstwertgefühl.

Genauso wichtig ist es aber, dass wir uns auch selber ernst nehmen. Wenn man will, dass Kinder auf ihre Gefühle hören und sich trauen, diese auszudrücken, kann man eigene Ängste und Ärger nicht hinter einem »Ist alles okay, Liebling, ich bin nur ein bisschen müde« verstecken. Wenn man will, dass Kinder für ihre Bedürfnisse einstehen und sagen, wenn etwas falschläuft, kann man sich nicht hinter der Hecke verstecken und böse über die Versäumnisse des Nachbarn reden, anstatt sich des Problems mit dem Nachbarn direkt anzunehmen. Wenn man will, dass Kinder auch unpopuläre Ansichten ausdrücken, muss man selber auch dazu bereit sein. Kinder tun das, was Erwachsene ihnen vorleben.

4 Gemeinschaft und Interesse im Alltag

Damit Kinder an sich selbst und ihren Wert glauben, ist es eine unabdingbare Voraussetzung, dass Eltern und Menschen aus der nächsten Umgebung dem Kind ehrliches Interesse entgegenbringen, Zeit mit ihm verbringen wollen und neugierig auf es als Mensch sind. Denn wie soll man an den eigenen Wert glauben, wenn die Menschen, die man liebt, die Gesellschaft anderer vorziehen? Und was bedeutet es für die eigenen Gedanken, Gefühle und Bedürfnisse, wenn die Menschen, die einem am nächsten stehen, keine Rücksicht darauf nehmen?

Zeit für Gemeinsamkeit

Eigentlich ist es eine Binse – Menschen, Erwachsene wie Kinder, freuen sind und fühlen sich wohl, wenn andere ihre Gesellschaft schätzen und Zeit mit ihnen verbringen wollen. In meinen Elternkursen ermuntere ich Eltern deshalb immer dazu, täglich mindestens 10 Minuten für gemeinsame Familienzeit zu reservieren. Man könnte Verstecken oder Blinde Kuh spielen, ein Buch lesen oder ein Rollenspiel machen, etwas zusammen trinken – oder was auch immer dir einfällt. Wichtig ist, dass man sich wirklich bemüht, eine Aktivität zu finden, die alle in der Familie – oder doch zumindest der größte Teil der Familie – gut finden. Das ist nicht immer einfach, vor allem, wenn die Kinder sehr unterschiedlich alt sind. 10 Minuten – länger geht immer! – ohne Unterbrechungen durch Telefonate, E-Mail oder SMS. 10 Minuten ohne Fragen wie »Was habt ihr heute als Mittagessen gehabt?« und »Hast du deine Turntasche für morgen schon gepackt?«. 10 Minuten hier und jetzt. Jeden Tag.

In meinen Elternkursen liegt normalerweise 1 Monat zwischen den Treffen. Ich bin immer wieder fasziniert, was nach einem Monat in den Familien alles geschehen ist. Manche Eltern erzählen, die Kinder wirkten zufriedener, ausgeglichener und selbstsicherer. Sie sagen, der Kontakt zu ihnen habe sich intensiviert, und erzählen, dass sie selber auch zufriedener seien. Eine Mutter erzählte, dass sie und ihre Kinder diese 10 Minuten immer dazu nutzten, sich in die Familie »einzuloggen« – denn alle waren den Tag über getrennt. Und danach folgten immer vertrauensvolle Gespräche: »Es ist so, als müssten wir unsere Familiengemeinschaft jeden Tag aufs Neue erschaffen, damit wir abends auch echte Gespräche führen können. Eigentlich ist das selbstverständlich, aber wir haben das sehr lange einfach nicht gemacht.«

Zeit füreinander

Fast jeder Erziehungsratgeber spricht davon, wie wichtig gemeinsame Zeit für eine funktionierende Familie ist. Was oft aber nicht gesagt wird, ist, dass es nicht nur das Zusammensein ist, das für die Beziehung zwischen Kindern und Eltern wichtig ist; wie dieses Zusammensein gestaltet wird, ist mindestens genauso wichtig. Mir ist aufgefallen, dass viele Eltern gemeinsame Zeit mit den Kindern als eine Art Angebot an diese verstehen:

- »Ich kann dir ein Märchen vorlesen, wenn du willst.«
- »Wenn du mit mir Karten spielen willst, würde das jetzt gut passen!«

Unausgesprochen, aber deutlich hören Kinder zwischen den Zeilen die Botschaft: »Wenn du willst, kannst du jetzt gern mit mir zusammen sein.« Ich bin dafür, das umzudrehen – erzähl deinen Kindern, dass du gern mit ihnen zusammen sein willst, dass du Sehnsucht nach Zeit mit ihnen hast:

- »Wollen wir uns aufs Sofa setzen und ein Märchen lesen? Ich hätte richtig Lust drauf!«
- »Ich habe so viel Lust, jetzt mit dir Karten zu spielen, du auch?«

Ich bin überzeugt davon, dass diese Einladung zum Zusammensein für Kinder bedeutend wertvoller ist, weil Eltern signalisieren, dass sie mit ihren Kindern zusammen sein wollen, und dies nicht nur anbieten. Es gibt kaum etwas Schöneres als Menschen, die mit dir zusammen sein wollen. Übertrage das einfach einmal auf dich und deinen Partner. Wie klingt dieser Satz für dich: »Ich kann heute Abend Sex mit dir haben, wenn du willst!« Gegenseitigkeit und Gleichwürdigkeit sind mir wichtig. Deshalb höre ich es viel lieber, wenn mein Mann zu mir sagt: »Ich habe solche Sehnsucht nach Sex mit dir – hast du Lust?«

Ich habe viel darüber nachgedacht, woher es eigentlich kommt, dass viele Eltern eine Einladung zum Zusammensein aussprechen und nicht ihr Bedürfnis danach artikulieren. Ist es vielleicht wirklich nur ein Angebot? Das wir das nur dann machen, wenn das Kind es absolut haben will, wir selbst aber nicht gerade viel Lust auf Gemeinsamkeit haben? Manchmal ist das bestimmt so, aber ich glaube, öfter geht es wohl darum, dass wir ein diffuses Gefühl von Scham verbergen wollen. Zu sagen, dass man mit einem anderen Menschen zusammen sein möchte, birgt ein Risiko. Man könnte abgewiesen werden, der andere könnte Nein sagen. Um von unseren eigenen Kindern nicht abgewiesen zu werden, legen wir unser Innerstes nicht offen. Wir sagen nicht, wie gern wir mit ihnen zusammen sind, sondern nur, dass es irgendwie nett wäre. Das führt dazu, dass Kinder gar nicht wirklich wissen, wie gern ihre Eltern Zeit mit ihnen verbringen.

Ausgehend von dem, was ich beschrieben habe, könnte man annehmen, dass gemeinsame Zeit zwischen Kindern und Erwachsenen sich immer um eine fröhliche Aktivität drehen muss. Viele Eltern scheinen das jedenfalls zu glauben. Deshalb stressen sie sich mit der Essenszubereitung, dem Abwasch, der Wäsche und allem anderen, was im Haushalt zu tun ist, damit sie Zeit für ihre Kinder finden. Danach. Bald. Gleich. Aber Eltern und Kinder müssen sich nicht in einem Spiel begegnen. Genauso geht das über einem Wäschekorb oder am Spülbecken. Das Wichtige ist die Begegnung. Gesehen und gehört werden.

Nun ist es natürlich alles andere als sicher, dass dein Kind danke sagt, wenn du es bittest, mit dir die Wäsche zusammenzulegen. Dennoch bin ich überzeugt, dass es für ein Kind wertvoll ist, von seinen Eltern zu hören: »Weißt du, ich muss mich jetzt um die Wäsche kümmern. Ich fände es wunderbar, wenn du mit mir in die Waschküche kämst und wir ein bisschen quatschen könnten.« Wie großartig, zu hören, dass jemand die eigene Gesellschaft schätzt. Das macht es einfacher, an den eigenen Wert zu glauben.

Sprechen im Alltag

So einleuchtend es ist, dass es Kindern gut geht, wenn Erwachsene ihre Gesellschaft schätzen, so klar ist auch, dass es ihnen gut geht, wenn Erwachsene mit ihnen sprechen und ihr ehrliches Interesse ausdrücken. Ich bin überzeugt, dass Interesse etwas ist, das die meisten Eltern und anderen Erwachsenen in ihrem Alltag und Sprechen mit ihren Kindern auch signalisieren. Trotzdem frage ich mich manchmal, wie Kinder das wohl erleben.

Interesse für die Kinder zeigen

Ich glaube, dass wir Menschen aus mehreren Schichten bestehen, wir sind ein bisschen wie russische Matrjoschka-Puppen. Im Inneren ist ein fester Kern, den ich »human being« nenne. Hier entstehen unsere Bewertungen, Gedanken und Gefühle. Hier befinden sich auch unsere Bedürfnisse, Sehnsüchte und Träume. Dieser Kern ist von einer Schale umgeben, den ich »human doing« nenne. Hier entwickeln wir unsere Handlungen. Diese Schale wird von einer weiteren Schale umgeben, die ich »human having« nenne. Hier zeigen wir unsere äußeren Attribute, das was wir haben und sind.

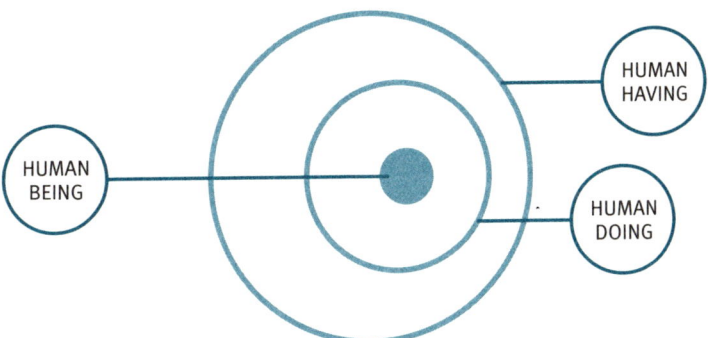

Wenn ich Erwachsenen zuhöre, die ihr Interesse an Kindern vermitteln und Kontakt zu ihnen herstellen wollen, merke ich, dass es sich oft darum dreht, was ein Kind tut (»human doing«), oder um die Sachen, die es hat (»human having«). Sehr selten aber drehen sich die Kommentare und Fragen eines Erwachsenen um die Gedanken, Gefühle und Sehnsüchte der Kinder. Mir ist auch aufgefallen, dass Erwachsene schnell bewerten, was Kinder erzählen oder zeigen, statt Kinder einfach danach zu fragen. Die Zusammenstellung in der Tabelle zeigt sechs denkbare Möglichkeiten, ein Kind zu bewerten, das gerade über seine Lego-Steine spricht. Als Erwachsener kann ich die Lego-Steine selbst bewerten, das Spiel des Kindes damit oder das Kind selbst. Ich kann auch Interesse an Lego zeigen und daran, wie das Kind damit spielt, und an dem Kind selber.

	BEWERTUNG	INTERESSE
SACHE	Cooles Lego! Wow, du hast ja viele Steine!	Erzähl mal von den Figuren! Wie viele Figuren hast du? Wo kommen sie her?
LEISTUNG	Wie gut du mit den Steinen bauen kannst! Super sieht das aus, was du gebaut hast.	Womit beschäftigst du dich gerade? Wie hast du denn diese Brücke gebaut?
KIND	Das ist echt prima, dass du Lego so magst. Als ich in deinem Alter war, ging es mir genauso.	Was ist deiner Meinung nach das Beste an Lego? Welche Figur wärst du gern? Wie fühlt sich wohl der Typ da, wenn er den Monstertruck fahren darf?

Ich erlebe oft, dass Erwachsene Ausdrücke wählen, die in die beiden oberen linken Felder passen. Da steckt Bewertung drin über Lego als solches (»Cooles Lego!«) oder um das Vermögen des Kindes, mit Lego zu bauen (»Wie gut du mit den Steinen bauen kannst!«). Ich sehe einige Risiken, wenn man so spricht. Zunächst tragen Bewertungen nicht wirklich dazu bei, Kontakt und Vertrauen zwischen Erwachsenen und Kindern zu schaffen. Dabei ist das genau das, was beide sich am meisten wünschen. Erwachsene wünschen sich, Zugang zum Innersten ihres Kindes zu haben: Was denkt es? Wovor hat es Angst? Wovon träumt es? Und Kinder wollen mit liebevollen Menschen ihre Gedanken, Gefühle und Erlebnisse teilen. Keiner von beiden bekommt, was er braucht, wenn ein Kind immer gleich mit der Bewertung durch den Erwachsenen konfrontiert ist (egal wie positiv die Bewertung ist).

- »Mama, schau mal, mein Lego-Schiff!«
- »Wow, das sieht cool aus!«
- »Ich hab was gemalt!«
- »Das ist ja schön! Du kannst wirklich toll zeichnen.«
- »Weißt du, was Sophie heute in der Schule zu mir gesagt hat? Sie hat gesagt, dass mein Fahrrad hässlich ist.«
- »Das war wirklich nicht besonders nett von ihr.«

Bewertungen schaffen keinen engeren Kontakt. Sie laden nicht zum Gespräch ein. Bewertungen enden mit einem Ausrufezeichen oder Punkt und markieren einen Schluss, sie eröffnen kein Gespräch. Was Kontakt schafft, sind Interesse und Offenheit. Kontakt schafft man durch Neugier, empathische und herausfordernde Fragen und dadurch, dass man engagiert sowohl die Perspektive des anderen zu verstehen versucht als auch seine eigene Perspektive mitteilt. Und klarmacht, dass es die eigene Sicht ist und nicht etwa die einzig richtige.

- »Mama, schau mal, mein Lego-Schiff!«
- »Gern! Magst du mir etwas darüber erzählen?«
- »Es hat vier Kanonen und eine versteckte Abhör-Ausrüstung.«
- »Oh! Du kannst also anderen zuhören, ohne dass die wissen, dass du das machst … Möchtest du diese Ausrüstung anwenden?«
- »Ja, weil ich hören will, was du und Papa über die Weihnachtsgeschenke sagen. Und vielleicht auch, um Elena und Victor zu belauschen. Ich glaube nämlich manchmal, dass die ganz schön viele Geschichten erfinden. Also dass die fantasieren und lügen.«
- »Hm. Und wie findest du das?«
- »Weiß nicht. Aber man soll doch eigentlich nicht lügen?«
- »Naja, es ist nicht verboten, sich Geschichten auszudenken, aber ich schätze es nicht, wenn Menschen lügen. Ich möchte mich darauf verlassen können, dass das, was ein anderer erzählt, auch stimmt. Findest du das auch?«
- »Genau so! Weißt du einmal …«

Jedes Mal, wenn ein Kind erzählt, was passiert ist, oder etwas zeigt, stelle ich mir vor, dass es mich zu Kontakt und Vertrauen einlädt. Das ist so, wie wenn die Tür zum Herzen einen Spalt geöffnet wird. Jetzt können wir Erwachsene wählen: Helfen wir mit interessierten Fragen und gehen so über die Schwelle oder bewerten wir einfach kurz – »wie cool«, »wie tüchtig«, »das war nicht nett« – und gehen vorbei anstatt hinein?

Wenn Erwachsene den Fokus zu stark auf die Leistungen eines Kindes legen, hat das Einfluss auf das Selbstbild des Kindes. In diesem Fall sehen wir Erwachsenen nämlich nicht zuerst den Kern des Kindes, also wer es wirklich ist, sondern interessieren uns nur für die äußere Schale, sein »human doing« und »human having«. Der Kern aber braucht Nahrung.

Kinder brauchen Respekt und Anerkennung für das, was sie sind. Wenn das nicht geschieht, vertrocknet der Kern in ihnen und sie beginnen zu glauben, dass sie das sind, was sie leisten und besitzen.

Für einen Menschen, der überzeugt davon ist, dass seine Leistungen und sein Besitz seinen Wert ausmachen, ist der Gedanke an Fehler oder Misslingen beunruhigend. Denn er wird immer denken, dass er selbst misslungen und wertlos als Mensch ist. Deshalb ist die Sucht nach Leistung oder Besitz oft sehr groß und gleichzeitig schwindet der Raum für Erholung und Entspannung. Es ist meines Erachtens keine gewagte Hypothese, dass stressbedingte Krankheiten und Burn-out besonders verbreitet unter denen sind, die den Wert eines Menschen in seiner Leistung sehen.

Möchtest du, dass dein Kind weiß, dass es so, wie es ist, wertvoll ist? Dann zeigt dein Interesse an seinen Kern, seinem Wesen. Was denkt, fühlt und erträumt es?

– »Papa, ich bin hier! Ganz oben im Baum!«
– »Ich sehe dich, Liebling! Sieht die Welt von dort oben genauso aus wie hier auf dem Boden?«
– »Wir haben heute die Mathearbeit zurückbekommen. Ich hatte alles richtig!«
– »Toll! Wie ging es dir, als du das gesehen hast?«
– »Schau mal! Ich habe etwas gemalt!«
– »Wow, noch eine Zeichnung!? Erzähl mir ein bisschen darüber. Hast du dazu Lust?«
– »Das ist ein Luftballon.«
– »Wohin fliegt er?«
– »Nach Italien. Dort kauft er Pizza.«
– »Jetzt bin ich neugierig: Wenn du einen Luftballon hättest, wohin würdest du dann fliegen?«
– »Ins Legoland. Mit dir.«
– »Und was würden wir dort machen?«
– »Lego-Steine sammeln. Und Karussell fahren. Und Eis essen. Und du würdest Kaffee trinken.«

Freude und Nöte miteinander teilen

Jetzt warte mal, sagst du nun vielleicht, Kinder brauchen doch Lob? Und sie wollen hören, dass sie tüchtig sind und etwas geleistet haben? Ja klar, Kinder müssen hören, dass sie gut sind und es gut gemacht haben – wenn es sich um Anerkennung handelt. Von anderen gelobt zu werden fühlt sich sehr gut an. Aber warum genau sollen wir Erwachsene Kinder überhaupt bewerten? Kinder malen und zeichnen, weil sie gern kreativ sind. Sie klettern und fahren mit dem Rad, weil sie sich draußen bewegen wollen. Sie lernen, sich anzuziehen und mit Messer und Gabel umzugehen, weil sie allein klarkommen wollen. Und natürlich freuen sie sich, wenn ihnen etwas gelingt, und sind traurig, wenn ihnen etwas misslingt.

Wenn wir Kinder ständig bewerten, riskieren wir, dass sie abhängig davon werden, eine Bewertung als Bestätigung von sich selbst sehen und sie einfordern: »Na, heute war ich echt sehr gut, weil ich Radfahren gelernt habe.« Für Kinder wäre es vermutlich aber erholsamer, wenn Erwachsene ihre Gefühle teilten – Freude, wenn etwas gelingt, Traurigkeit, wenn sie traurig sind. Denn hinter jeder guten Bewertung steckt die Drohung einer schlechten Bewertung. Das kleine Mädchen, das nun Rad fahren kann und hört, wie tüchtig es ist, weiß genau, was es ist, wenn es tags darauf ins Gebüsch rast. Auch wenn die Erwachsenen es nicht sagen, zieht sie die entsprechenden Schlüsse. Wenn es »tüchtig« ist, dass sie Rad fahren kann, ist es schlecht, wenn sie ins Gebüsch fällt. Deshalb meine ich, sie hätte mehr Freude daran, wenn Erwachsene an ihren Bemühungen teilnähmen und sich für ihre Erlebnisse interessierten, wenn sie das erste Mal ohne Hilfe Rad fährt:

- »Klasse! Du fährst ganz allein! Wie fühlte sich das an?«

Und wenn sie am nächsten Tag ins Gebüsch fährt, ist auch das ein Erlebnis, das man teilen kann:

- »Hoppla! Du bist ins Gebüsch gefahren! Wie ist das passiert?«

Persönliches Feedback geben

Nein, ich glaube wirklich nicht, dass Kinder dauernd gelobt werden müssen in Form von vermeintlich objektiven Aussagen über sie selbst, über ihre Leistungen und Besitztümer. Ganz im Gegenteil glaube ich, dass Kinder es mögen und brauchen, von Erwachsenen darin bestärkt zu werden, wie sie uns beeinflussen:

- »Ich freue mich so, wenn ich dich alleine Rad fahren sehe! Ich weiß, wie sehr du das lernen wolltest.«
- »Danke für das Armband, Schatz! Ich werde es immer tragen, weil es mich an dich erinnert.«
- »Wenn ich deine Zeichnung von der Hütte sehe, dann muss ich daran denken, wie ich klein war und mit meiner besten Freundin immer Hütten gebaut habe. Das sind herrliche Erinnerungen für mich.«

- »Ich bin nicht wirklich glücklich darüber, dass du eine Lego-Pistole gebaut hast. Es gibt nämlich echte Pistolen, mit denen man töten kann. Wie denkst du darüber?«

Durch solche Aussagen zeigen wir Erwachsenen uns als ganze Menschen. Menschen mit eigenen Gedanken, Gefühlen und Bedürfnissen. Menschen, die zulassen, von anderen berührt zu werden, von Großen wie Kleinen. Kinder lieben das und nehmen diese Eindrücke wahr. Es ist wunderbar, zusammenzuleben und auch Gedanken, Gefühle und Bedürfnisse zu teilen. Man traut sich leichter, sich als ganzer Mensch zu zeigen, wenn man auf diese Weise mit Erwachsenen lebt.

Motivierende Fragen stellen

Jetzt mal ehrlich – wie viel wirkliches Interesse signalisieren typische Elternfragen?

- »Wie war es heute in der Kita?«
- »Mit wem hast du gespielt?«
- »Was gab es zum Mittagessen?«

Wenn man jeden Tag dieselben Fragen stellt, in derselben Tonlage, ungefähr zum selben Zeitpunkt, dann ist man vielleicht pflichtschuldig und sorgfältig, aber nicht wirklich interessiert. Vermutlich sind das deswegen auch genau die Fragen, auf die Kinder nur sehr kurz angebunden antworten. Stell deinem Kind doch einfach einmal neue Fragen. Fragen, die motivieren und berühren. Fragen, die dein echtes Interesse und deine Neugier zeigen. Fragen, auf die man die Antwort nicht schon von vornherein weiß.

- »Was würdest du eigentlich machen, wenn du einen Tag lang unsichtbar wärest?«
- »Wie möchtest du getröstet werden, wenn du traurig bist?«
- »Ich habe in der Zeitung gelesen, dass viele Lehrer Jungen und Mädchen unterschiedlich behandeln. Passiert es auch an deiner Schule?«

Erzähl etwas über dich

Es ist wichtig, dass die Kommunikation zwischen Erwachsenen und Kindern von Fragen und ehrlichem Interesse geprägt wird. Das allein reicht aber noch nicht für einen engen Kontakt aus. Es entsteht nun mal kein wirklicher Kontakt zwischen zwei Menschen, wenn immer nur einer Fragen stellt und der andere antworten soll. Das ist dann in gewisser Weise ein hervorragendes Interview. Deswegen sollten Eltern, die intensiven Kontakt zu ihren Kindern haben wollen, auch von sich selbst erzählen. Über Dinge, die sie erfreuen. Wofür sie sich engagieren. Was sie berührt und was sie bekümmert.

Man kann zum Beispiel auf dem Weg von der Kita nach Hause statt einer Befragung des Kindes einen Teil der Zeit darauf verwenden, über sich selbst zu erzählen:

- »Weißt du, heute war's im Job wirklich richtig gut! Und heute Morgen dachte ich noch, ich weiß gar nicht, ob ich hingehen möchte. Ich war müde und wäre viel lieber zu Hause geblieben und hätte mich erholt. Aber als ich angekommen bin, habe ich mit meinen Kollegen Shirin und Andreas gefrühstückt und danach fühlte sich alles schon viel schöner an. Ich bin wirklich sehr froh, dass ich so wunderbare Kollegen habe!«

Kinder wollen von den Menschen ihrer engsten Umgebung ehrliches Interesse erfahren. Aber sie müssen diese Menschen als echt und wirklich erleben, müssen spüren, dass auch sie Gedanken und Gefühle mit sich herumtragen, Lust und Sehnsucht – und dass sie wirklich auch über sich erzählen wollen.

5 Die wichtige Warum-Frage

Stell dir vor, dein Kind weint und klagt über Bauchschmerzen. Du gehst mit ihm zum Arzt und die erste Frage auf deinem Merkzettel ist natürlich: »Warum?« Warum hat mein Kind Bauchschmerzen? Was ist die Ursache? Du willst das verstehen und du willst, dass der Arzt es versteht, richtig? Es fasziniert mich, dass diese Frage, die man so selbstverständlich immer als Erstes in einer Arztpraxis stellt, auch im Umgang mit Kindern so große Bedeutung hat. Die erste Frage, die man mir stellt, ist immer diese: »Was macht man eigentlich, wenn ...«

- »Mein Sohn nässt sich fast jede Nacht ein. Er weigert sich, im Bett zu bleiben, und steht abends mindestens fünf Mal auf. Was tut man dagegen?«
- »Meine Tochter weigert sich, ihre Aufgaben zu machen. Hast du ein paar Tipps für mich, was ich dagegen machen kann?«
- »Ein Schüler in meiner Klasse stört häufig den Unterricht, indem er schwätzt und mit Kaugummis um sich wirft. Wie gehe ich damit um?«

Ah, wie ich mir wünschte, man würde sich über die Arztpraxis-Frage Gedanken machen: Warum?

- »Hilf mir zu verstehen, warum mein Sohn nicht in seinem Bett liegen bleiben will.«
- »Hilf mir zu verstehen, warum meine Tochter ihre Hausaufgaben nicht machen will.«
- »Hilf mir zu verstehen, warum mein Schüler den Unterricht stört.«

Ich bin davon überzeugt, dass man eine langfristige, haltbare und für alle Beteiligten respektvolle Lösung für diese und andere Probleme nur dann finden kann, wenn man versteht, woher die Probleme kommen. Schmerztabletten heilen ja auch keine Magenschmerzen und kein Kopfweh. Sie können vielleicht etwas gegen die Symptome bewirken, aber die Ursache bleibt ja und man riskiert, dass bald neue und vielleicht sogar schlimmere Schmerzattacken folgen.

Was steckt dahinter?

Wenn ich gefragt werde, was man bei wiederkehrenden Problemen in der Beziehung zu Kindern machen soll, antworte ich fast immer mit einer Gegenfrage:

– »Warum, glaubst du, macht dein Kind das? Oder anders ausgedrückt: Welches Bedürfnis steckt dahinter und was versucht es, auszudrücken?«
– Meine Frage weckt oft Verwunderung: »Wie meinst du das?«
– »Nun, ich glaube, dass alles, was wir Menschen tun, egal ob wir Kinder oder Erwachsene sind, damit zu tun hat, dass wir unsere eigenen Bedürfnisse befriedigen wollen. Du hast mir diese Frage gestellt, weil du Hilfe suchst, ist das nicht so?«
– »Ja …«
– »Du grüßt mich, wenn du den Raum betrittst, wolltest du Kontakt mit mir aufnehmen?«
– »Ja, das war wohl die Absicht.«
– »Wenn du nach Hause kommst, wirst du wahrscheinlich etwas essen? Vermutlich weil du dann hungrig bist?«
– »Ja das ist schon so …«
– Ich glaube, dein Kind ist genauso wie du. Ich glaube, es versucht, seine eigenen Bedürfnisse zu befriedigen, und zwar durch sein Verhalten.«

Der Gedanke, dass hinter jedem kindlichen Verhalten ein grundlegendes Bedürfnis steckt, ist für viele Erwachsene fremdartig. Die meisten von uns sind es nicht gewohnt, häufig über die Bedürfnisse anderer Menschen nachzudenken. Wir denken häufig genug ja nicht einmal über unsere eigenen Bedürfnisse nach. Ich versuche, das an ganz typischen, problematischen Situationen im Familienleben zu illustrieren.

Beispiel – Bettnässen

Stell dir ein Kind vor, sagen wir mal einen Jungen von vier oder fünf Jahren, der jeden Abend mehrmals aufsteht. Zuerst ist er durstig, dann muss er natürlich auf die Toilette, danach sucht er nach seinem Schmusetier und so gibt es einige weitere Wendungen, bis er schließlich zur Ruhe kommt und schläft.

Wenn seine Eltern zu mir kämen und um Hilfe bäten, würden wir zunächst gemeinsam überlegen, warum der Junge nachts so oft aufsteht. Welche Not oder welche Nöte stecken dahinter und was braucht er? Unsere Gedanken könnten zum Beispiel folgende sein:

- Ist der Junge vielleicht nicht müde genug und braucht mehr Stimulanz und Aktivität, bevor er zu Bett geht?
- Braucht er vielleicht mehr Nähe und Gemeinschaft?
- Hat er vielleicht Angst und sucht Geborgenheit?
- Oder möchte er einfach mehr Verantwortung haben und selbst mehr entscheiden, als seine Eltern zulassen?

Wären wir stattdessen, ohne die Bedürfnisse des Kindes zu beachten, direkt zu der Frage gegangen, wie man ihn dazu bringen könnte, im Bett zu bleiben, dann wären wir vermutlich auf einige der »Methoden« gekommen, die manche Kinder-Experten empfehlen. Eltern sollen zum Beispiel die Belohnungsmethode anwenden, bei der das Kind ein Sternchen bekommt für jeden Abend, den es brav im Bett bleibt. Sie könnten auch versuchen, das Kind komplett zu ignorieren, wenn es das Bett verlässt, oder mit einem Time-out drohen oder mit Handyverbot.

Durchaus möglich, sogar wahrscheinlich, dass eine dieser Methoden dazu führt, dass der Junge im Bett bleibt. Was mich dabei traurig stimmt, ist die Frage, wie das Kind es wohl empfindet, wenn es solchen Methoden ausgesetzt wird. Ich glaube nicht, dass es sich verstanden, respektiert oder ernst genommen fühlt. Ganz im Gegenteil. Ich glaube, es erlebt seine Eltern als Menschen, die es nicht verstehen wollen. Ich glaube, es erlebt, dass ihnen egal ist, was ihm wichtig ist.

Und ich glaube, dass es für das Kind deswegen schwer zu sehen ist, dass es wichtig und wertvoll ist für seine Eltern. Kurz gesagt, so etwas nagt am Selbstwertgefühl des Jungen. Und diese Methoden helfen auch nicht dazu, dass er seine Bedürfnisse befriedigen kann. Bedürfnisse, die offensichtlich beachtet werden sollen und die der Grund dafür sind, dass es ihm so schwerfällt, im Bett zu bleiben.

Wenn der Ausgangspunkt der Eltern stattdessen aber die Frage ist, was ihr Sohn braucht, wenn er nicht im Bett bleiben will, sieht die Sache ganz anders aus. Wenn die Eltern plausible Vermutungen über seine Bedürfnisse formuliert haben, ist meine nächste Frage an sie diese:

- Wie könnt ihr eurem Kind helfen, diese Bedürfnisse anders zu befriedigen? Und zwar so, dass es für euch und für euer Kind akzeptabel ist?

Wenn die Eltern vermuten, dass ihr Kind jeden Abend aufsteht, weil es nicht müde ist und mehr Aktivität braucht, könnten sie die alltäglichen Routinen überprüfen. Bringt man das Kind vielleicht zu früh ins Bett, bevor es müde ist? Schläft es morgens zu lange, sodass es abends nicht müde ist? Wie kann man ihm dabei helfen, tagsüber stimulierende Dinge zu tun? Denn wenn der Tag angefüllt ist, braucht es ja nicht nachts und abends danach zu suchen, wenn es eigentlich schlafen sollte.

Wenn die Eltern glauben, ihr Kind stehe jeden Abend auf, weil es nach Nähe und Gemeinschaft sucht, könnten sie überprüfen, wie sie dieses Bedürfnis tagsüber besser befriedigen können. Wäre es möglich, dass das Kind, wenn es von der Kita oder Schule nach Hause kommt, die Eltern zunächst einmal nur für sich hat? Trotz Essenszubereitung, Geschirrspülen, Hausaufgabenkontrolle oder Saubermachen? In diesem Fall ist die Frage, welcher Zeitpunkt am Abend der geeignetste für Gemeinsamkeit und Nähe ist. Denn wenn dieses Bedürfnis tagsüber befriedigt wird, muss das Kind sich nicht abends darum kümmern.

Wenn die Eltern vermuten, das Kind stehe auf, weil es mehr Geborgenheit brauche, können sie sich darauf konzentrieren. Wenn das

Kind groß genug ist, um zu sprechen, können sie fragen, was es braucht, um sich geborgener und sicher zu fühlen. Wenn es noch nicht sprechen kann, können sie lediglich vermuten und ausprobieren. Ein Licht anzünden? Ein Schmusetier als Wächter an der Tür? Leise Musik, um störende Geräusche ausblenden? In Mamas oder Papas Bett schlafen, im selben Zimmer schlafen wie der große Bruder? Vielleicht sagt das Kind, dass es einen Elternteil beim Einschlafen um sich haben will. Wenn Eltern das verweigern, bedeutet das nicht, dass sie ihrem Kind Geborgenheit verweigern. Es bedeutet, dass man gemeinsam weitersucht, bis man eine andere Lösung findet, bei der das Kind sich geborgen fühlt. Es gibt nämlich immer mehrere Wege, ein Bedürfnis zu befriedigen.

Wenn die Eltern denken, das Kind stehe auf, weil es nach mehr Selbstbestimmung verlange, dann muss man sich darauf konzentrieren. Vielleicht zögern die Eltern, den Jungen später zu Bett gehen zu lassen, weil sie glauben, er brauche ja den Schlaf so nötig. Dann ist die Frage, wie man ihm an anderer Stelle größeren Einfluss auf sein Leben geben kann. Können sie zum Beispiel ihm überlassen, was er anzieht? Essen? Andere Routinen? Wenn das Kind bei Dingen, die ihm wichtig sind, Einfluss auf sein Leben hat, schläft es vielleicht zufrieden, in der Gewissheit, ein fähiger Mensch zu sein, der die Verantwortung für sich übernehmen kann.

Beispiel – Stress am Morgen

- »Ich begreife es einfach nicht. Wie viele Male noch soll ich meinem Sechsjährigen sagen, dass die Schule um 8:15 Uhr beginnt und dass wir deswegen spätestens um 8:00 Uhr weggehen müssen, um pünktlich zu sein. Bestimmt tausendmal habe ich das schon gesagt, aber es geht nicht in seinen Kopf!«

Sind Kinder dumm? Wenn ich Eltern manchmal zuhöre, liegt diese Schlussfolgerung nahe. Denn wenn man einem Kind etwas tausendmal gesagt hat, sollte es ja wirklich verstanden haben, nicht wahr?!

Wenn ich Eltern oder Pädagogen treffe und es um Probleme in der Eltern-Kind-Beziehung geht, stelle ich deshalb oft zwei Fragen:

- Fehlen dem Kind Informationen darüber, was die Erwachsenen wollen?
- Fehlt dem Kind das Verständnis für die Wünsche der Erwachsenen?

Beide Fragen werden meistens verneint. Kinder wissen und verstehen, was Erwachsene wollen. Ihr Verhalten hat also andere Ursachen als Informationsnot. Deswegen geht es auch nicht um mehr Informationen (reden und erinnern), damit das Kind sein Verhalten ändert.

Stell dir vor, dass du gerade dein Auto aufgetankt hast. Beim Verlassen der Tankstelle bleibt es auf einmal stehen. Deine erste Aktion in dieser Lage wird wohl kaum sein, noch mal an die Tanksäule zurückzukehren und noch mehr Benzin einzufüllen. Denn eins weißt du ja sicher: Der Tank ist nicht leer. Ich wundere mich manchmal darüber, dass etwas, das uns so klar ist, wenn es um unsere Autos geht, keineswegs klar ist, wenn es um unsere Kinder geht. Wenn Kinder nicht das tun, was wir wollen, tanken wir noch mal ein bisschen Information nach, obwohl wir eigentlich wissen, dass es daran nicht liegt. Sie haben alle Informationen, die sie brauchen, meistens sogar viel mehr.

Bleiben wir beim Beispiel des Mädchens, das nicht rechtzeitig zur Schule fertig wird. Das ist eine Situation, die viele Familien jeden Morgen erleben. Das Kind ist langsam. Es zieht sich langsam an, kämmt die Haare langsam, isst langsam, findet die Schultasche nicht und wenn es endlich auf dem Weg zur Tür ist, fällt ihm noch ein, dass es etwas ganz Lebenswichtiges vergessen hat.

Wie sollen sich gestresste und genervte Eltern in dieser Situation verhalten? Statt ihre Tochter weiter an das zu erinnern, was sie ja sowieso weiß, könnten die Eltern sich auf die Bedürfnisse des Mädchens konzentrieren und überlegen, warum es so viel Zeit für sich braucht. Welches Bedürfnis steckt dahinter? Ist sie morgens vielleicht müde und braucht einfach Zeit und Ruhe, um fertig zu werden? Hasst sie die Schule und hat Angst, dorthin zu gehen? Sucht sie mehr Nähe und Kontakt zu ihren Eltern und ist für sich zu dem Schluss gekommen, am besten gelänge das, wenn es morgens langsam wäre? Dann nämlich kümmert sich ständig ein Elternteil um sie, wenn sie sich aber beeilt, wechselt der elterliche Fokus vermutlich zur Morgenzeitung oder zum Stapel schmutzigen Geschirrs in der Spüle.

Wenn die Eltern verstehen, warum ihre Tochter tut, was sie tut, also wissen, welches Bedürfnis dahintersteckt, können sie eine Lösung suchen, die Rücksicht auf sie beide und ihre Tochter nimmt. Wenn sie morgens mehr Zeit braucht, kann man vielleicht den Wecker früher stellen. Wenn sie die Schule hasst, muss man vielleicht mit ihrem Klassenlehrer oder dem Rektor darüber sprechen, wie man ihre Schulsituation verändern kann. Wenn sie mehr Nähe und Kontakt sucht, könnte morgens vielleicht ein Elternteil eine Weile auf ihrem Bett sitzen und mit ihr sprechen oder man könnte gemeinsam frühstücken.

Beispiel – Trotz

Sage das Wörtchen »Trotz« – und viele Eltern seufzen verzweifelt. Man muss einfach die Zähne zusammenbeißen und es durchstehen, das scheint eine ziemlich verbreitete Auffassung zu sein. »Das ist eine Phase, durch die alle Kinder durchgehen. Der einzige Trost ist, dass sie bald zu Ende ist«. Was ist Trotz eigentlich?

Manchmal wird Trotz beschrieben als innerer Zwang bei Kindern, alles zu hinterfragen und genau das Gegenteil zu tun, einfach nur, weil sie verstehen, dass sie das können. Für diese Beschreibung von Trotz habe ich nicht sehr viel übrig. Ich glaube, dass auch hinter trotzigem Verhalten ein Bedürfnis steckt. Kinder verhalten sich trotzig, weil sie ein oder mehrere Bedürfnisse befriedigen wollen. Ein trotziges Kind ist ein Kind, das größeren Einfluss auf sein eigenes Leben braucht, das Verantwortung für sich selbst übernehmen möchte, das danach verlangt, sich selbst als fähiges, kompetentes Individuen zu erfahren und so auch behandelt zu werden.

Genau dieses Bedürfnis wächst radikal und fast über Nacht bei einigen Ereignissen des Lebens: zuerst im Alter von 2–3 Jahren, dann noch mal im Alter von ca. 6 Jahren und natürlich später im Teenager-Alter.

Wenn ein Kind plötzlich morgens sagt: »Kann ich selbst!« oder »Will ich selbst!«, sollten wir Eltern das akzeptieren und dieses Bedürfnis nach größerer Selbstständigkeit willkommen heißen. Leider fällt uns diese Umstellung meistens nicht gerade leicht. Statt zu sagen: »Herrlich, mein Schatz, na klar machst du das alleine!«, sagen wir höchstens so etwas wie »Nein, du kannst doch nicht alles selber machen!«.

Der dänische Familientherapeut Jesper Juul hat in seinem Buch »Dein kompetentes Kind« sehr treffend gesagt: Die Eltern, nicht die Kinder sind trotzig! Kinder werden selbstständig, die Eltern werden trotzig.

- »Nein!«
- »Kann selber!«
- »Will ich nicht!«
- »Keine Lust!«
- »Warum bestimmst immer du alles?«
- »Du bestimmst nicht über mich!«

Eine weitverbreitete elterliche Reaktion auf solche Aussagen sind größere Deutlichkeit und deutlichere Grenzsetzungen. Ich höre oft, dass Eltern und Pädagogen sagen, trotzige Kinder brauchen Grenzen. Es werden mehr Regeln eingeführt, denen das trotzige Kind folgen soll, gefolgt von mehr Sanktionen, wenn das Kind nicht tut, was man ihm sagt. Ich empfinde das meist als ziemlich unglücklich, weil auf die Bedürfnisse, die hinter dem Verhalten des Kindes stecken, keine Rücksicht genommen wird: den Wunsch nach mehr Selbstständigkeit in ganz unterschiedlichen Formen. Ein Kind, das sich weigert, das droht, erzwingt, lügt oder ausbricht, ist oft (aber nicht immer!) ein Kind, das nach größerer Selbstständigkeit verlangt, mehr Einfluss auf das eigene Leben will und keinen besseren Weg weiß, als trotzig zu sein.

Wenn Eltern diesem Bedürfnis mit noch mehr Regeln und noch härteren Sanktionen begegnen, wird die Selbstständigkeit des Kindes natürlich noch mehr beschädigt, als sie es vorher schon war. Einige Kinder reagieren mit Unterwerfung, die äußerlich positiv aussehen kann, gleichzeitig aber immer auch bedeutet, dass ein Kind nicht die Selbstständigkeit bekommt, die es braucht. Andere Kinder reagieren mit noch mehr Trotz und Aufruhr, um ihre Bedürfnisse zu befriedigen.

Woraufhin Eltern dann in der Regel denken: »Verdammt noch mal, warum kann es nicht tun, was ich sage!«, und alles verhärtet sich. Noch mehr Regeln. Noch mehr Sanktionen. Und die Kinder werden noch aufständischer. So geht es weiter. Ein ständiger Kampf, in dem die Kinder Freiheit und Selbstständigkeit suchen und die Eltern mit Grenzen antworten. Ein Kampf, der das Selbstwertgefühl von Eltern und Kindern beschädigt.

Grenzen zu setzen ist nicht die einzige übliche Antwort auf kindlichen Trotz. Eine verbreitete Methode ist auch das Ignorieren des trotzigen Verhaltens – das Kind soll sich wieder beruhigen, am besten an einem ruhigen Ort weit weg von den anderen. Das grundlegende Problem aber bleibt: So nimmt man keine Rücksicht auf die dahinterliegenden Bedürfnisse des Kindes. Solche Methoden dienen nur dazu, das Kind dazu zu bringen, mit seinem – in den Augen der Umgebung negativen – Verhalten aufzuhören. Sie stärken das Kind also nicht in seinem Bedürfnis, selbstständig zu werden. Das Resultat bleiben Zweifel im Kind: Bin ich es wert, dass man mich ernst nimmt?

Was können Eltern noch tun, wenn sie ihr Kind als trotzig erleben? Man kann seine Bedürfnisse ernst nehmen und darüber nachdenken, wie man es unterstützt. Das Kind versucht zu erzählen, dass es noch mehr Einfluss und Verantwortung für sein eigenes Leben sucht, dass es sich selbst als fähigen und kompetenten Menschen erleben will. Nein, denkst du vielleicht, das ist gar keine gute Idee, ein Kind erforschen zu lassen, ob dein Kalender in der Toilette schwimmt, und du willst auch nicht zum fünften Mal den Platz auf dem Sofa tauschen, weil das Kind seine Meinung geändert hat. Die Bedürfnisse eines Kindes ernst zu nehmen heißt nicht, dass man es machen lässt, was es will. Es bedeutet, das Kind und seine Bedürfnisse mit Respekt ernst zu nehmen und nach Lösungen zu suchen, die allen gut tun. Die Bedürfnisse eines Kindes ernst zu nehmen bedeutet, über die Gesamtsituation des Kindes nachzudenken. Welche Möglichkeiten hat das Kind, mehr Autonomie in seinem Leben zu erleben? Braucht es vielleicht mehr Möglichkeiten dazu? Neue Möglichkeiten? Wie kann ich als Vater oder Mutter dazu beitragen? Ich stelle dir jetzt vier Fragen, über die du nachdenken kannst. Du kannst natürlich auch deinem Kind diese Fragen stellen.

Bestimmst du über Dinge, die das Kind eigentlich selber bestimmen kann? Diese Frage stelle ich Vätern und Müttern in meinen Kursen oft. Ich ermuntere sie auch, miteinander darüber zu reden und zu vergleichen: Was darf dein Dreijähriger bestimmen und wie funktioniert das? Ein Fünfjähriger? Ein Teenager? Häufig wird Eltern bewusst, dass sie aus alter Gewohnheit über vieles bestimmen, das Kinder längst selbst verantworten könnten. Eine Mutter erzählte, dass sie immer noch bestimme, was ihr Kind jeden Morgen anziehe, obwohl das Kind natürlich in der Lage dazu sei, das selbst zu entscheiden. Ein Vater erzählte, dass ein Kind selbst entscheiden könne, wann es abends duschen möchte, und noch ein anderer kapierte, dass es an der Zeit sein könnte, Kinder in die Entscheidung, was abends gegessen wird, einzubeziehen. Aber sollen Kinder wirklich mehr mitbestimmen über alles zwischen Himmel und Erde? Könnten das für Kinder nicht viel zu viele Beschlüsse sein? Das ist ein Einwand, dem ich manchmal begegne. Die Antwort ist Ja, natürlich kann es zu viel sein. Kinder, genau wie Erwachsene, erleben Stress, wenn sie zu viel entscheiden müssen. Aber sie fühlen sich auch schlecht, wenn sie nichts beeinflussen können von dem, was sie berührt. Wie immer im Leben geht es auch hier darum, eine gute Balance zu finden.

Übernimmt das Kind Verantwortung in der Familie, trägt es zum Familienleben bei? Verantwortung zu übernehmen und zum Familienleben beizutragen bewirkt, dass ein Kind sich als kompetenten und fähigen Menschen erlebt. Und alle Kinder lieben das (vorausgesetzt, sie können es freiwillig tun). Es kann also ziemlich klug sein, darüber nachzudenken, in welchem Ausmaß und wobei genau man Kindern die Chance dazu gibt. Wie reagierst du auf die Initiative deines Kindes, das anbietet, zu Hause Aufgaben zu übernehmen oder dir zu helfen? Wie oft bittest du dein Kind, teilzunehmen, und zeigst ihm, wie sehr du die Zusammenarbeit schätzt? Frage dein Kind, ob es etwas gibt, für das es gern die Verantwortung übernehmen möchte. Blumen gießen, die Post holen, die Schuhe ordentlich ins Schuhregal stellen, die Spülmaschine ausräumen, an die Vitamintabletten der kleinen Schwester erinnern – es gibt sehr viele mögliche Antworten.

Vertraust oder misstraust du dem Vermögen deines Kindes? Was sagst du wirklich? Es ist sehr schwierig, sich selbst als tüchtig und kompetent zu erleben, wenn man von Menschen umgeben ist, die offensichtlich das Gegenteil glauben. Deswegen müssen wir Erwachsenen uns bewusst darüber werden, welche Erwartungen durch unsere Worte und Taten durchscheinen. Drücken wir Zutrauen oder Misstrauen aus?

- »Pass auf, damit du nicht die Treppe hinunterfällst!«
- »Sei vorsichtig mit der Milch, damit du sie nicht verschüttest!«
- »Es ist schon besser, wenn ich die Tür abschließe, das schaffst du alleine doch nie.«

Der Grad des Zutrauens zeigt sich nicht nur in unseren Ermahnungen und Verboten, sondern auch darin, wie wir unsere Kinder um etwas bitten. Kinder schätzen es, wenn Erwachsene sie um etwas bitten, von dem sie glauben, dass sie das alleine hinbekommen (Wir sollten ihnen natürlich niemals so viel aufgeben, dass es beschwerlich wird. Noch einmal, es geht immer um die richtige Balance): Könntest du … schnell nochmal in den Lebensmittelladen gehen und 1 l Milch kaufen, während ich draußen warte? Das Telefon abnehmen? Das Auto abschließen? Ein paar Sachen einkaufen? Beim Familientreffen den Gästen Chips anbieten? Einen eigenen Schlüssel bekommen? Alleine mit dem Bus von der Schule nach Hause fahren? Wie erleben deine Kinder, dass du ihnen vertraust?

Machst du etwas für ein Kind, das es selbst machen könnte? Je mehr ein Kind kann, als desto fähiger und kompetenter erlebt es sich. Das ist ein guter Anlass, einen Schritt zurückzutreten und darüber nachzudenken, was von dem, was man für seine Kinder tut, diese längst selber tun könnten. Und dann sollte man sie machen lassen.

Ich erinnere mich, mein Sohn war vielleicht fünf Jahre alt, wie ich diesen Schritt zurück machte und auf einmal merkte, dass ich ihm noch jeden Morgen das Brot schmierte:

– »Weißt du, mir ist gerade klar geworden, dass ich immer noch dein Brot schmiere! Das ist ja ein bisschen albern, denn ich vermute, dass du das kannst und eigentlich auch gerne selber machen willst?«
– »Soll ich das? Und wenn ich das nicht kann?«

Seine verwunderte Frage schnitt mir ins Herz. Was ich zunächst aus Fürsorge und später aus alter Gewohnheit gemacht hatte, war mit der Zeit von ihm als Ausdruck meines Misstrauens übersetzt worden.

Erst verstehen, dann handeln

Eltern und andere Erwachsene sind oft sehr lösungsorientiert, wenn es um Konflikte mit Kindern geht. Sie sehen ein Verhalten bei Kindern, das sie ablehnen, und fragen sich, wie sie das Kind dazu bringen, damit aufzuhören. Ich habe klarzumachen versucht, dass vor jedem Handeln zunächst eine zentrale Frage gestellt werden sollte: Welches Bedürfnis versucht das Kind eigentlich mitzuteilen? Verstehen kommt vor Agieren!

Ein Kind zunächst verstehen zu wollen bringt viele Vorteile. Verstehen gibt die Möglichkeit, viele Probleme und Konflikte gar nicht erst aufkommen zu lassen. Die meisten Konflikte, die wir als Eltern zu lösen haben, tauchen immer wieder auf. Streit ums Zähneputzen, Konflikte wegen des Essens, Ärger wegen der Hausaufgaben und vieles mehr. Wenn wir wissen, woher diese und andere Probleme und Konflikte immer wieder kommen, haben wir ziemlich oft auch die Chance, dem vorzubauen. Wenn wir zum Beispiel ahnen, dass ein Kind, das fast jeden Tag erklärt, es wolle nichts zu Abend essen, seinem Bedürfnis Ausdruck verleiht, gehört und gesehen zu werden (man bekommt oft viel mehr Aufmerksamkeit, wenn man nicht isst, als wenn man isst), können wir ihm vor der Mahlzeit liebevolle und interessierte Aufmerksamkeit widmen.

Der zweite Vorteil ist, dass es leichter wird, eine funktionierende und respektvolle Lösung zu finden. Da es nicht eine Ursache für jedes Problem gibt, gibt es natürlich auch nicht nur eine Lösung. Nehmen wir einmal Geschwisterstreit als Beispiel. In einer Familie streiten die

Kinder vielleicht deshalb miteinander, weil sie mehr Einfluss und Kontrolle wollen. In einer anderen Familie streiten sie, weil sie Kontakt suchen (die Kinder haben gelernt, dass Geschwisterstreit eine exzellente Möglichkeit ist, die Aufmerksamkeit der Eltern zu erhalten). Und in der dritten Familie geht es beim Streiten um Respekt. Ein Kind erlebt, dass es verletzt wird (vielleicht in der Schule oder von den Eltern), und versucht damit klarzukommen, indem es andere verletzt. So fällt es vielleicht leichter, sich klarzumachen, dass eine zielführende Lösung nicht in jeder Familie gleich aussehen kann.

Der dritte Vorteil ist, dass Kinder sich so als wertvoll erleben. Die beste Nahrung für das Selbstwertgefühl unserer Kinder ist es, wenn sie erleben, dass Eltern und andere wichtige Menschen zuerst verstehen, respektieren und unterstützen wollen.

6 Zuhören – ohne zu kritisieren oder infrage zu stellen

- »Ich glaube, mit Erik und Anton will ich nicht mehr spielen. Sie sagen dauernd, dass ich doof bin.«
- »Oh, so lange geht das schon?«
- »Ja ziemlich.«
- »Und wie ist es dazu gekommen?«
- »Ich weiß nicht.«
- »Du weißt nicht, warum die sagen, dass du doof bist?«
- »Nein!« (weint)
- »Aber sag mal, hast du was zur Erzieherin gesagt?«
- »Nein.«
- »Das solltest du aber tun, wenn Kinder dir blöd kommen.«
- »Aber! Du kapierst ja gar nichts!!!«
- »Was meinst du? Komm zurück, mein Schatz, damit wir das gemeinsam klären.«

Mitten in der Unterhaltung steht der Junge auf und rennt nach draußen. Die Mutter sitzt verwundert am Küchentisch und fragt sich, was eigentlich falschgelaufen ist. Sie spürt, wie ihre Irritation wächst. Sie hat doch wirklich versucht, zu verstehen und zu unterstützen, und trotzdem wird ihr Sohn böse, wenn sie zu helfen versucht. Was will er eigentlich? Sie macht sich auch Sorgen. Denn das alles ist ja nicht so, wie es sein soll. Der Kontakt zu ihrem Sohn sollte eng und schön sein. Er sollte ihr alles erzählen und sich von ihr helfen lassen.

Wenn diese Mutter zu mir käme und mich um Rat fragte, würde sie vermutlich sagen, dass sie Hilfe brauche, um mit ihrem Sohn über seine Probleme zu sprechen. Sie würde mir sagen, dass sie nicht an ihn herankomme. So jedenfalls drücken sich die meisten Eltern aus, wenn die Kommunikation und der Kontakt mit ihren Kindern nicht so funktioniert, wie sie das gerne wollen. Fast immer zeigt sich, dass das Erste, was Eltern lernen müssen, das Zuhören ist. Kinder haben nämlich relativ wenig Lust, mit ihren Eltern zu sprechen oder auf sie zu hören, wenn Eltern ihnen nicht zuhören.

Was gutes Zuhören wirklich bedeutet

Wenn ich Eltern sage, zuerst gehe es ums Zuhören, sind sie oft verwundert. Die meisten Eltern glauben, dass sie gute Zuhörer sind. Sie surfen schließlich während des Gesprächs nicht im Netz, lesen auch keine Zeitung oder schauen Nachrichten. Sie sitzen mit ihrem Kind zusammen und schenken ihm ihre volle Aufmerksamkeit. Und dann sage ich, sie müssten besser zuhören!?

Ich möchte gerne erklären, was ich meine, wenn ich von Zuhören spreche. Zuhören ist etwas ganz anderes als Hören. Das wissen alle, die ihrem Partner schon einmal vorgeworfen haben, er höre nicht zu. Antwortet der nämlich auf diese Anklage mit der Wiederholung des zuletzt Gesagten: »Klar höre ich zu, du hast gesagt, dass sich deine Mutter zu sehr in dein Leben einmischt!«, ist man nicht zufrieden, oder? Zuhören, wie ich das definiere, bedeutet, sich in die Situation eines anderen Menschen hineinzuversetzen, man versucht zu verstehen, wie er diese Situation erlebt. Was fühlt er? Was ist wichtig für ihn in Bezug auf das, was er erzählt? Und das zu respektieren. (Was keineswegs bedeutet, dass man alles bejaht oder dem anderen seinen Willen lässt. Respektieren heißt nur, dass man zuhört, ohne infrage zu stellen oder zu kritisieren.)

> *Genau das ist es, was Eltern üben sollten: Sie sollten versuchen zu verstehen, was ihre Kinder meinen. Sie sollten versuchen zu verstehen, wie die Kinder sich fühlen und was ihnen wichtig ist.*

Ich stelle immer wieder fest, dass viele Eltern in Gesprächen mit ihren Kindern vollauf damit beschäftigt sind, darüber nachzudenken, wie sie reagieren sollen und was sie ihrem Kind sagen sollen, statt wirklich zu verstehen, was das Kind erzählt, fühlt und braucht.

Die Unterhaltung am Anfang dieses Kapitels ist, so glaube ich, eine ziemlich typische zwischen Eltern und Kindern. Die Mutter sitzt ihrem Kind gegenüber, sie haben Augenkontakt und nehmen sich Zeit. Sie ist sicher davon überzeugt, dass sie zuhört, während ihr Sohn von seinem Problem erzählt. Und doch erlebt ihr Sohn das anders. Nichts in dem, was seine Mutter sagt, deutet er so, dass sie versucht, seine Welt und sein Erleben zu verstehen. Was er hört, ist, dass sie versucht, ihm Ursachen und Wirkungen zu verdeutlichen (»Und wie ist es dazu gekommen?«), und dass sie ihm Vorschläge zur Lösung macht (»Du solltest das der Erzieherin sagen!«). Zu Analysen und Vorschlägen ist ihr Sohn aber gar nicht bereit. Ihm ist schlichtweg egal, was seine Mutter alles weiß, bevor er nicht spürt, wie sehr sie sich innerlich auf ihn einlässt. Und das weiß er erst, wenn sie ihm zeigt, dass sie zu verstehen und nachzuempfinden versucht, wie es ihm geht.

Die zehn üblichsten Antworten

Wenn ich mit Eltern arbeite, die lernen wollen, wie man anders mit Kindern spricht, beginne ich immer damit, die alten, üblichen Kommunikationswege sichtbar zu machen. Dann überlege ich gemeinsam mit den Eltern, warum diese nicht dazu beitragen, ein inniges Vertrauensverhältnis zu den Kindern zu schaffen.

Erzählen Kinder, was sie bekümmert, gibt es zehn typische elterliche Reaktionen, die Kinder übersetzen mit »die Eltern hören nicht zu«.

Bevor ich meine Liste der typischsten Elternantworten aufstelle, schlage ich dir eine kleine Übung vor ... Denn es ist wichtig, dass du deine eigenen Reaktionen besser identifizieren kannst. Hol dir Zettel und Stift und schreibe spontan auf, was du jedem der drei Kinder, die hier erzählen, antworten würdest. Suche nicht nach der »richtigen Antwort« und sei nicht pädagogischer als sonst auch. Bereit? Schreib auf, was dir als Erstes in den Sinn kommt.

1. Kasper, 10 Jahre, sagt: »In der Schule ärgert mich Peter, weil ich mit Mädchen spiele. Er mag mich nicht. Und ich finde, er ist ein Doofkopf.«

2. Ella, 6 Jahre, hat sich immer geweigert, auf einen Kindergeburtstag zu gehen, wenn nicht ein Elternteil bei ihr bleibt. Letzten Monat aber hat sie das zum ersten Mal allein gemacht und alles lief gut. Jetzt ist sie auf den nächsten Geburtstag eingeladen und sagt: »Zu Leonies Geburtstag möchte ich nicht gehen. Bestimmt hat sie niemanden eingeladen, den ich kenne.«

3. Jonas, 8 Jahre, geht eigentlich gern zur Schule. Aber eines Morgens verkündet er: »Heute gehe ich nicht zur Schule. Und du kannst mich nicht zwingen!«

Und jetzt kommt meine Liste der zehn typischsten elterlichen Antworten.

BEFEHLEN

1. »Jetzt höre auf, dich über Peter zu beschweren. Ich habe keine Lust, mir das anzuhören.«

2. »Du bist schon alleine auf einem Geburtstag gewesen und alles ging gut. Jetzt hör auf, jedes Mal zu jammern, wenn eine Einladung kommt.«

3. »Selbstverständlich gehst du zur Schule! Darüber wird gar nicht erst geredet. Zieh dich jetzt an.«

RAT GEBEN

1. »Wenn dich jemand aufzieht, solltest du das der Lehrerin sagen.«

2. »Du kannst doch Leonie morgen fragen, wen sie noch eingeladen hat?«

3. »Du denkst nur an das, was du in der Schule nicht magst. Konzentriere dich doch mal auf alles, was gut ist!«

DROHEN / WARNEN

1. »Wenn du weiter so über Peter sprichst, wird er dich irgendwann wirklich gar nicht mehr mögen.«

2. »Wenn du auf keine Einladung gehst, wirst du sehr bald gar nicht mehr eingeladen werden.«

3. »Wenn du nicht zur Schule gehst, muss die Lehrerin die Polizei anrufen, denn in Deutschland gibt es eine Schulpflicht.«

KRITISIEREN

1. »Du bist vielleicht eine Heulsuse!«
2. »Du bist aber empfindlich! Es ist doch wirklich albern, dass du mit sechs Jahren nicht alleine auf einen Kindergeburtstag gehen kannst!«
3. »Du hast nicht recht. Natürlich kann ich dich zwingen.«

ABSCHWÄCHEN

1. »Na, so schlimm wird es nicht gemeint sein. Natürlich mag er dich.«
2. »Ich bin ganz sicher, die anderen Kinder die zum Geburtstag kommen, sind alle sehr nett.«
3. »Ich verstehe, dass du nicht gehen willst, aber wenn du erst mal da bist, ist alles gut.«

VERHÖREN

1. »Aha, und was hast du mit Peter gemacht?«
2. »Und woher weißt du, dass niemand eingeladen ist, den du kennst?«
3. »Und wieso glaubst du, dass du dir aussuchen kannst, zu Hause zu bleiben?«

ABLENKEN

1. »Ich finde, wir sollten jetzt nicht an Peter denken. Möchtest du ein Eis haben?«
2. »Es ist noch eine ganze Woche Zeit, bist du auf die Einladung antworten musst. Und erst findet doch die Hutparade in der KiTa statt. Weißt du schon, ob du lieber den grünen oder den lila Hut tragen möchtest?«
3. »Na, na, na, jetzt müssen wir mit dem Auto fahren, sonst bin ich nicht pünktlich auf der Arbeit. Weißt du, dass ich heute jemand treffen werde, der im Rollstuhl sitzt?«

PSYCHOLOGISIEREN

1. »Du bist nur deswegen so sauer auf Peter, weil du müde bist. Du wirst sehen, morgen wenn du ausgeruht bist, sieht alles ganz anders aus.«
2. »Ich glaube nicht, dass du weißt, wen Leonie eingeladen hat. Du sagst das nur, weil du Schiss hast, zur Einladung zu gehen.
3. »Du willst nur deshalb nicht zur Schule gehen, weil du vor der Mathearbeit Angst hast.«

MORALISIEREN

1. »Es ist nicht okay, einen Klassenkamerad Doofkopf zu nennen.«
2. »Man kann doch nicht eine Einladung ablehnen, nur weil man die anderen Gäste nicht kennt!«
3. »Zur Schule muss man gehen, in unserem Land gibt es die Schulpflicht.«

IRONISIEREN

1. »Wenn du dich anstrengst, könntest du vielleicht noch ein paar Tränen verdrücken? Damit ich wirklich kapiere, wie böse dieser Peter ist.«
2. »Hm, ich verstehe, dass du Angst hast. Leonies Freunde sind ganz bestimmt Monster und Hexen!«
3. »Na klar, wenn du groß bist, willst du mit Computern arbeiten, da braucht man natürlich weder Rechnen noch Lesen. Klar, heute kannst du zu Hause bleiben und musst nicht in die Schule gehen.«

Wie ist es dir ergangen? Kannst du deine eigenen Antworten in eine der genannten Kategorien einsortieren? Die meisten Eltern, die ich treffe, können ihre Antworten an Kasper, Ella und Jonas in eine oder sogar mehrere Kategorien einordnen. Wenn ich Eltern darum bitte, grundsätzlich darüber nachzudenken, wie sie auf die Kümmernisse und Sorgen ihrer Kinder reagieren, stellen sie oft fest, dass sie in der Regel drei oder vier Antworttypen immer wieder wählen. Und ungefähr genauso viele Antworttypen wählen sie hin und wieder aus. Und meist erkennen sie auch Antworttypen, die sie selber nie wählen.

Kinder hören aus diesen Antworten heraus, dass ihre Eltern nicht zuhören, und schließen daraus, dass ihre Eltern auch nicht vermitteln wollen. Hier kommt ein Beispiel. Als ich noch bei meinen Eltern wohnte, lieh ich manchmal ihr Auto aus. Immer, wenn es geschneit hatte, sagte meine Mutter: »Sei vorsichtig! Denk dran, es könnte draußen glatt sein!« Natürlich sagte sie das in allerbester Absicht, weil sie sich um mich sorgte. Und doch irritierte mich das, denn ich hörte zwischen den Zeilen noch eine andere Botschaft: »Ich bin mir nicht sicher, ob du wirklich begreifst, dass es draußen glatt ist, auch wenn ich das schon x-mal zu dir gesagt habe.« Meine Antwort war deshalb keineswegs die, die meine Mutter sich erhofft hatte. Kurz angebunden sagte ich: »Tatsächlich weiß ich das, Mama!«

So wie ich in den Ermahnungen meiner Mutter Kritik hörte, geht es auch Kindern, die zwischen den Zeilen lesen, was ihre Eltern ihnen auch noch sagen. Jetzt kommt eine Liste dazu, wie Kinder sich fühlen, wenn Eltern so mit ihnen sprechen:

BEFEHLEN »Ich bestimme, wie du dein Problem löst!«

RAT GEBEN »Ich weiß besser als du, wie du dein Problem lösen sollst.«

DROHEN / WARNEN »Wenn du dein Verhalten nicht änderst, wird das negative Folgen haben – und das sehe ich klarer als du.«

KRITISIEREN   »Irgendwas an dir stimmt nicht. Du machst das falsch. Ich bin nicht zufrieden mit dir.«

ABSCHWÄCHEN »Das siehst du falsch.«

VERHÖREN »Du musst ja irgendetwas falsch gemacht haben, sonst wäre die Situation nicht so, wie sie ist. Deine Annahmen stimmen einfach nicht.«

ABLENKEN »Ich glaube nicht, dass du mit deinem Unbehagen klarkommst. Ich halte es mit deinem Unbehagen nicht aus. Deine Gefühle sind nicht wichtig.«

PSYCHOLOGISIEREN »Ich weiß besser als du, warum du dich gerade so fühlst.«

MORALISIEREN »Meine Bewertung ist die richtige. Du bewertest das falsch. Ich weiß besser als du, was richtig oder falsch ist.«

IRONISIEREN »Du übertreibst. Deine Gefühle sind albern. Du hast die falsche Sicht auf die Dinge.«

Einige Eltern sind sehr aufgewühlt, wenn ich ihnen sage, welche Botschaften die Kinder aufnehmen können. »Ja, aber das ist doch gar nicht meine Absicht, so zu reden, als wüsste ich alles besser und als hätte immer nur ich recht!« Nun ja. Wenn wir Eltern solche Antworten geben, meinen wir es ja gut mit unseren Kindern. Wir wollen ihnen helfen, wir wollen ihren Kummer lindern, wir wollen, dass sie sich besser fühlen, wollen erklären, was schwer zu verstehen ist, wollen ihnen eine Perspektive aufzeigen.

Stell dir vor, dass du in deinem Beruf eine sehr stressige Phase hinter dir hast. Du hast einige neue Aufgaben bekommen, aber nicht wirklich die Einarbeitung oder Fortbildung, dass du sie so bewältigen könntest, wie es dich zufriedenstellt. Du hast das deinem Chef mehrmals gesagt und er hat versprochen, dass du die nötige Fortbildung erhältst, aber nichts ist geschehen. Heute hast du diesen Punkt erneut angesprochen. Seine Antwort brennt noch immer in dir: »Wenn du mit deiner Arbeit nicht klarkommst, suchst du dir besser eine andere Stelle.« Abends nach dem Abendessen erzählst du deinem Partner davon und sagst: »Ich weiß wirklich nicht, was ich noch machen soll. Ich fange an zu glauben, dass mein Chef ein totaler Irrer ist!« Dein Partner, in allerbester Absicht, bewertet das, was du gesagt hast ungefähr so, wie Eltern oft das bewerten, was ihre Kinder sagen. Ist es für dich dann klar oder einfach, in seinen Antworten Fürsorge und gute Absicht zu erkennen?

BEFEHLEN »Jetzt hör schon auf zu jammern!«

RAT GEBEN »Ich finde, du solltest am Montag direkt zu deinem Chef gehen und kündigen.«

DROHEN / WARNEN »Sieh zu, dass du diese Fortbildung machst, sonst kündigen sie dir bestimmt.«

KRITISIEREN   »Du bist immer so dramatisch.«

ABSCHWÄCHEN »Na, es wird schon nicht so schlimm sein. Nach dem Wochenende wird dein Chef sich wieder beruhigt haben.«

VERHÖREN »Und was hast du gesagt, das so eine Reaktion hervorgerufen hat?«

ABLENKEN »Komm, reden wir nicht mehr über deine Arbeit. Lass uns eine Flasche Wein öffnen und einen Film anschauen.«

PSYCHOLOGISIEREN »Das sagst du nur, weil du jetzt müde bist.«

MORALISIEREN »Ich finde es daneben, wenn du andere Leute ›irrsinnig‹ nennst.«

IRONISIEREN »Oh weh, ich sehe schon, die Welt geht unter.«

Kontakt schaffen

Man sagt, gute Kommunikation besteht zur Hälfte darin, schlechte Kommunikation zu vermeiden. Jetzt weißt du also, was du besser vermeidest, wenn du möchtest, dass dein Kind erlebt, wie du wirklich zuhörst, wenn es von seinen Kümmernissen erzählt. Jetzt wird es Zeit, uns anzuschauen, was wir stattdessen tun können. Ich zeige das an einem Modell in drei Schritten. Der erste Schritt ist Zuhören. Der zweite Schritt ist, Probleme zu lösen, und der dritte Schritt ist, aktiv zu werden. Ich verstehe dieses Modell als Hilfe, um rücksichtsvolle Kommunikation zwischen Menschen zu ermöglichen. Aber: Der Kontakt ist das Wichtigste, nicht das Modell. Das Modell ist nur deshalb in drei Schritte eingeteilt, um es verständlicher zu machen. Im wirklichen Leben wirst du zwischen den Schritten hin- und herpendeln und auch andere Dinge sagen, als ich hier vorschlage. Gut so! Wenn du dein Modell gefunden hast, wird der Kontakt am intensivsten sein.

Schritt 1 – Mit Empathie zuhören

»Ich höre dir zu. Ich versuche zu verstehen, was du meinst, wie du dich fühlst, was du brauchst, und respektiere das.« Ich würde meinen, dass die meisten Menschen – egal ob Kinder oder Erwachsene – diesen Startpunkt ersehnen, wenn sie von Kummer oder Herausforderungen erzählen. Es ist auch der Ausgangspunkt für empathisches Zuhören. Empathisches Zuhören bedeutet, sich auf mehr als die Worte zu konzentrieren, die ein Kind sagt, und zu versuchen, wirklich zu verstehen:

- Welche Gefühle hat das Kind?
- Was braucht das Kind, was versucht es, mir mitzuteilen?

Der Fokus der Eltern liegt auf der inneren Welt des Kindes, nicht auf der eigenen. Man hört dem Kind zu, als hätte man eine Einladung erhalten, die tiefste Sehnsucht in seinem Herzen zu sehen. Statt eigene Botschaften zu schicken, stimmt man immer wieder mit dem Kind ab, ob man seine Bedürfnisse richtig verstanden hat und wie es für das Kind aussieht. Hier kommt ein Beispiel, wie Eltern empathisch zuhörend auf Kasper, Ella und Jonas reagieren könnten:

1. »In der Schule ärgert mich Peter, weil ich mit Mädchen spiele. Er mag mich nicht. Und ich finde er ist ein Doofkopf.« – »Ich vermute, du bist sauer auf ihn? Und du willst spielen, mit wem du willst, ohne dass dich deshalb jemand ärgert?«
2. »Zu Leonies Geburtstag möchte ich nicht gehen. Bestimmt hat sie niemanden eingeladen, den ich kenne.« – »Bist du in Sorge? Willst du dich geborgen fühlen, wenn du auf die Feier gehst?«
3. »Heute gehe ich nicht zur Schule. Und du kannst mich nicht zwingen!« – »Oh, du klingst richtig sauer! Es geht wohl um etwas, das sehr wichtig für dich ist? Willst du mir davon erzählen?«

Die Eltern in diesen Beispielen stellen Vermutungen darüber an, wie ihre Kinder sich fühlen könnten, welche Gefühle und Bedürfnisse hinter den Worten ihrer Kinder stecken. Die Vermutungen klären sie dann im wechselseitigen Rückkoppeln mit dem Kind. Wenn Eltern etwas vermuten, erleben Kinder, dass Eltern ihnen zuhören und zu verstehen versuchen. Da die Frage weder Kritik noch Infragestellen beinhaltet (unter der Voraussetzung, dass die Eltern im respektvollen ersten Quadranten des Okay-Gitters, S. 35, sind), erleben Kinder auch, dass Eltern Respekt für ihre Gefühle und Nöte haben. Für Kasper, der erzählt, dass Peter ihn aufgezogen hat und Peter deswegen ein Doofkopf ist, macht es einen großen Unterschied, wenn seine Eltern eben nicht sagen: »Ich will nicht, dass du einen Schulkameraden Doofkopf nennst«, sondern: »Ich vermute, du bist sauer? Und du willst spielen, mit wem du willst, ohne dass dich deshalb jemand ärgert?« Im ersten Fall erlebt Kasper, dass er zurechtgewiesen wird, weswegen er kaum mehr erzählen wird. Im zweiten Fall erlebt er, dass seine Eltern ihn zu verstehen versuchen und ihn respektieren, sodass er sich weiter öffnen kann.

Hier kommen noch mehr Beispiele dafür, wie Eltern vermuten, welche Gefühle und Bedürfnisse hinter den Worten ihrer Kinder stecken könnten:

- »Ich glaube, unsere Lehrerin mag Marina lieber als mich. Sie umarmt sie ganz oft und mich umarmt sie nie.« – »Wunderst du dich und willst verstehen, warum das so ist? Möchtest du auch öfter umarmt werden?«
- »Dieses Jahr will ich nicht wieder so einen doofen Geburtstag feiern wir im letzten Jahr.« – »Das klingt so, als wolltest du viel mehr Spaß auf deinem Geburtstag haben als im letzten Jahr.«
- »Nicole hat sich Geld von mir geliehen und nun sagt sie, dass sie es mir nicht zurückgibt!« – »Ich vermute, darüber bist du sehr enttäuscht, weil du dich darauf verlassen hast, dass du ihr vertrauen kannst? Bist du auch unsicher, weil du noch nicht weißt, wie du mit der Situation umgehen sollst?«
- »Ich gehe nie wieder zum Turnen. Alle ärgern mich nur, weil ich dick bin!« – »Du klingst traurig? Ich vermute, du willst, dass ich verstehe, wie es sich anfühlt, wenn man aufgezogen wird?«
- »Ich kann nicht schlafen. In der Garderobe ist ein Monster.« – »Hast du Angst, brauchst du meine Hilfe, sodass du dich sicher fühlen kannst, wenn du schläfst?«

Und danach? Was tut man, wenn man vermutet hat, was das Kind fühlt und braucht? Man wartet die Antwort des Kindes ab und versucht wieder, mehr als nur die Worte zu hören: Welche Gefühle und Nöte werden erkennbar? Hier kommt ein Beispiel für einen Dialog zwischen Kasper und seinem Papa, der ihm empathisch zuhört:

- »In der Schule ärgert mich Peter, weil ich mit Mädchen spiele. Er mag mich nicht. Und ich finde er ist ein Doofkopf.«
- »Ich vermute, du bist sauer auf ihn? Und du willst spielen, mit wem du willst, ohne dass dich deshalb jemand ärgert?«
- »Ja! Weißt du, gestern hat er gesagt, ich hätte Mädchen-Bazillen. Und dass ich eine Memme wäre, die dauernd heult.«
- »Du willst sicher mehr Respekt von ihm, oder?«
- »Hmm … gestern habe ich ja geheult, weil ich nicht gleich Fußball spielen konnte. Das Spiel hatte schon angefangen, als ich kam, ich musste bis zum nächsten Spiel warten.«
- »Da warst du wahrscheinlich enttäuscht, oder? Und du wolltest bestimmt dabei sein und es auch lustig haben.«
- »Naja, aber dann kam Lisa und fragte, ob wir nicht miteinander spielen könnten. Wir waren dann auf dem Klettergerüst. Und später haben wir noch mehr miteinander gespielt.«
- »Bist du froh, dass es dann doch so gut gekommen ist?«
- »Ja, Lisa mag ich sehr!«

In diesem Gespräch entscheidet sich der Vater dafür, sich ganz auf Kaspers Gefühle und Erlebnisse einzulassen und zu verstehen, welche Bedürfnisse hinter dem stecken, was er erzählt. Der Vater hat keinen eigenen Plan für das Gespräch, er folgt der Richtung, die Kasper vorgibt. Der Vater drückt keine eigenen Gefühle oder Bedürfnisse aus, sondern konzentriert sich darauf, seinen Sohn zu verstehen.

Schritt 2 – Lösungsorientierte Fragen stellen

Wenn Kinder empathisches Zuhören erleben, geschieht es recht häufig, dass sie mit einem »Ja, so ist das« antworten und ihrer Wege gehen (oder jedenfalls denken wir Eltern das). Verwundert bleiben wir zurück und rufen: »Aber wieso gehst du denn? Wir haben doch noch gar nicht überlegt, was du tun könntest!« In so einer Situation ist es wichtig, tief durchzuatmen und kurz darüber nachzudenken, wer nun eigentlich ein Problem hat und wer die Verantwortung dafür hat, es zu lösen.

In meinen Elternkursen sprechen wir oft von der Verantwortung, die Kinder für die Lösung ihrer Probleme haben. Ich habe noch nie einen Erwachsenen getroffen, den der Gedanke verlockt hätte, sich der Lösung eines Problems dann anzunehmen, wann es dem Kind zupasskäme. Die meisten Erwachsenen wollen dazu beitragen, dass Kinder lernen, Probleme selber zu lösen und auch mit anstrengenden Situationen klarzukommen, weil das eben Teil des Lebens ist. Bekanntlich macht Übung ja den Meister. Wenn man Kinder ihre Herausforderungen selber meistern lässt, wachsen das Selbstvertrauen und die Fähigkeit, selbst die Verantwortung zu tragen. Deshalb ist es wichtig, dem Kind diese Gelegenheiten nicht gleich wegzunehmen, sondern ihm die Verantwortung für sein Problem zu lassen.

Deshalb sollte man Respekt dafür haben, wenn ein Kind ein Gespräch beendet, ohne schon eine Lösung für sein Problem zu haben. Es ist das Problem des Kindes. Wenn es noch keine Maßnahmen formulieren will, ist das seine Entscheidung. Allzu überraschend ist dies übrigens ohnehin nicht.

Der stärkste Anreiz für Menschen, mit anderen über Enttäuschungen, Probleme oder Herausforderungen zu sprechen, ist, dass wir uns danach sehnen, mitzuteilen, was uns im innersten Herzen bewegt.

Wir wollen verstanden werden. Das ist weit weg von Maßnahmen und Hilfe durch andere (und auch wenn wir genau das suchen, wollen wir doch zuerst das Verständnis).

Sicherheitshalber möchte ich sagen, dass es natürlich Situationen geben kann, in denen Erwachsene eingreifen und Kindern helfen müssen, auch wenn diese nicht um Hilfe bitten oder sogar sagen, dass sie keine wollen. (Ich denke z. B. an Mobbing oder andere Formen destruktiven Gruppendrucks.) Mit Rücksicht auf die Integrität und Selbständigkeit eines Kindes aber bin ich auch davon überzeugt, dass es immer einen Grund gibt, zunächst ein- oder zweimal nachzudenken, bevor man als Erwachsener Schritte ergreift, einem Kind zu helfen, das darum nicht gebeten hat.

Auch wenn Kinder oft einfach nur erzählen und verstanden werden wollen, spürt man manchmal doch, dass sie Hilfe bei der Lösung ihres Anliegens suchen. Einem Kind dann zu helfen und ihm doch seine Verantwortung für sein Problem nicht wegzunehmen kann ganz schön herausfordernd sein. Und doch ist es eigentlich auch einfach, man entscheidet sich einfach für lösungsorientierte Fragen, statt ständig eigene Vorschläge zu machen. Solche Fragen kann man mit sehr wenigen Worten stellen, aber sie kreisen immer um zwei Themen:

▪ Was kannst du machen?
▪ Wie wird das deiner Meinung nach, wenn du genau das machst?

Wenn Eltern nach dem empathischen Zuhören diese Fragen stellen, signalisieren sie ihr Interesse, Engagement und ihr Zutrauen (immer vorausgesetzt, sie befinden sich im respektvollen Quadranten des Okay-Gitters, S. 35). Wenn Kindern zwischen den Zeilen dessen lesen, was ihre Eltern sie fragen, können sie hören: »Ich habe Interesse an dir und du stehst mir nahe.« Sie können auch hören: »Ich vertraue darauf, dass du weißt, was für dich am besten ist, ich gehe davon aus, dass du das selber kannst.«

Hier folgt nun ein Beispiel, wie das Gespräch zwischen Kasper und seinem Vater sich weiterentwickeln könnte, wenn Kasper signalisiert, dass er bei der Lösung seines Problems Unterstützung braucht:

– »Hast du mal überlegt, ob du etwas dagegen machen möchtest, wenn Peter dich immer ärgert?«
– »Hm …«

- »Auf welche Ideen bist du gekommen?«
- »Ich kann ihn verhauen!«
- »Klar, das könntest du machen. Was glaubst du, passiert, wenn du das tust?«
- »Wahrscheinlich haut er mich dann auch ...«
- »Und wie wäre das dann?«
- »Nicht so gut ...«
- »Nein. Was könntest du noch tun?«
- »Ich könnte es der Lehrerin sagen.«
- »Und was glaubst du, passiert dann?«
- »Die würde bestimmt mit Peter reden!«
- »Und wie wäre das, wenn sie das machte?«
- »Schön. Aber er wäre dann bestimmt sauer auf mich und würde mich noch mehr ärgern, wenn die Lehrerin es nicht sieht.«
- »Könntest du noch etwas anderes tun?«
- »Peter kann mir den Buckel runterrutschen, ich spiele einfach mit den Mädchen.«
- »Und wie wäre das dann?«

Kaspers Papa nimmt alle Vorschläge seines Sohns ernst, er kritisiert ihn nicht und stellt nichts infrage. Er sagt eben nicht: »Gewalt ist nicht okay!«, wenn Kasper überlegt, ob er Peter verhauen solle. Stattdessen vertraut er darauf, dass Kasper von alleine auf etwas kommt, und fragt: »Was glaubst du, passiert, wenn du ihn verhaust?« (Auch hier wird wieder deutlich, wie wichtig es ist, im respektvollen Quadranten des Okay-Gitters, S. 35, zu sein. Kaspers Papa könnte die Fragen auch voller Überlegenheit oder ironisch stellen, nur würde Kasper dann mit Sicherheit nicht mehr mit ihm über die Angelegenheit reden wollen.) Kinder sind klug, oft genug wissen sie genau, was gut für sie und andere ist, vorausgesetzt, man gibt ihnen den Raum, darüber nachzudenken. Wenn wir Erwachsenen Kindern immer sagen, was wir für das Beste halten, reagieren sie mit Widerstand. Keiner mag es, wenn man ihm seine Sicht aufzwingt.

Eltern fragen mich oft, was man denn tun solle, wenn das Kind auf keine eigene Lösung komme. Sollten Eltern dann eigene Vorschläge machen? Ich antworte dann immer, dass man das natürlich machen könne, es sei aber wichtig, dass Körpersprache, Tonfall und Gesichtsausdruck sagen: »Du, das ist nur ein Vorschlag! Ich bin neugierig, wie du darüber denkst.«

Schritt 3 – Nachverfolgen

Wenn Kasper im Gespräch mit seinem Papa an den Punkt kommt, was er nun tun möchte, bleibt immer noch eine wichtige Aufgabe für seinen Vater: nachverfolgen. Wie ist es gelaufen? Wenn er Kasper also am nächsten Abend sieht, fragt er:

- »Kasper, ich habe heute oft an dich gedacht und an Peter, der dich ärgert. Hast du gemacht, was du vorhattest?«

Vielleicht erzählt Kasper dann, dass er das getan hat und alles gut ging. Dann kann sein Vater sich etwas zurücknehmen. Sollte Kasper aber erzählen, dass er aus irgendeinem Grund nicht getan hat, was er eigentlich vorhatte, oder dass er es gemacht hat, die Folgen aber nicht so waren, wie er sich das vorgestellt hat, dann beginnt der Prozess von Neuem: Sein Vater hört empathisch zu, stellt lösungsorientierte Fragen und bleibt dran.

Gedanken über das empathische Zuhören

Manche Eltern zweifeln, ob es wirklich richtig ist, Vermutungen über die Gefühle und Bedürfnisse ihrer Kinder anzustellen oder lösungsorientierte Fragen zu stellen. Sie haben das Gefühl, dass dies sowohl für sie als auch für die Kinder seltsam ist. Ich bin absolut davon überzeugt, dass es wichtig ist, so miteinander zu sprechen, dass es sich für einen selbst gut und natürlich anfühlt. Die Dialoge, die ich in diesem Kapitel aufgeschrieben habe, sind als Inspiration gedacht oder auch als Unterstützung. Eltern sollten ihre eigene Sprache finden, ihre eigene Weise zu sprechen, so wie es bequem und echt ist. Erwähnen möchte ich aber trotzdem, dass sich so ziemlich alles, was uns neu ist, zunächst seltsam anfühlt. Und dass sich etwas unnatürlich anfühlt, heißt ja nicht, dass es schlecht ist. Ich habe neulich etwa die erste

Yogastunde meines Lebens gemacht. Für mich fühlte es sich extrem unnatürlich an, mit gekreuzten Beinen auf dem Boden zu sitzen und mit fremden Menschen Mantras zu singen. Gleichzeitig war mir auch bewusst, dass regelmäßiges Yoga meiner Gesundheit zuträglich ist.

Natürlich reagieren Kinder, deren Eltern normalerweise befehlen, moralisieren oder abschwächen, zunächst verwundert, wenn sie auf einmal mit Vermutungen über ihre Gefühle und Bedürfnisse konfrontiert werden. Ich bin allerdings fest davon überzeugt, dass sie mit Freude und Dankbarkeit reagieren werden. Kinder haben kaum ein größeres Verlangen als nach Eltern, die ihnen zuhören, die zu verstehen versuchen und die sie respektieren. Manche Eltern sind ziemlich verwundert, wenn sie ihre Fertigkeiten im empathischen Zuhören ausprobieren. Die Kinder reagieren keineswegs so, wie sie befürchtet haben, zum Beispiel indem sie über die Vermutungen lachen. Stattdessen tragen die Vermutungen dazu bei, dass die Kinder sich öffnen und viel mehr erzählen, als die Eltern zu hoffen gewagt haben. Die Erklärung dafür ist einfach: Es ist ein großartiges Gefühl, wenn jemand zuhört und Verständnis und Respekt zeigt. An diese Erfahrung gewöhnen Kinder sich gerne.

Mein Kind wird mich nicht verstehen

Eltern beunruhigt auch, dass ihre Kinder vielleicht nicht verstehen, was sie sagen. »Meine Kinder werden mich gar nicht verstehen, wenn ich so spreche! Sie sind nicht gewohnt, dass wir über Frustration, Zweifel und Unsicherheit sprechen. Sie wissen doch gar nicht, was Respekt oder Fürsorge sind.« Umso mehr Anlass, genau diese Wörter zu verwenden, denke ich. Nur wenn wir Wörter verwenden, lernen Kinder deren Bedeutung. (Wie lernt denn ein Kind, was »nett«, »beeil dich« oder »froh« bedeutet?) Wenn also ein Kind das Wort »Respekt« nicht versteht, gibt es überhaupt keinen Anlass, es nicht zu verwenden. Ganz im Gegenteil, man sollte es so oft wie möglich verwenden, eventuell erklären und Beispiele geben.

Wie alt sollten die Kinder sein?

– »Meine Tochter ist 4 Monate alt. Was denkst du, wann ich mit ihr so kommunizieren kann?«, fragte ein Papa in einem meiner Elternkurse.

– »Ich glaube, dass du schon jetzt so mit deiner Tochter sprechen kannst«, antwortete ich.

– »Wie meinst du das?«, erwiderte der Vater verwundert.

– »Was machst du denn, wenn deine Tochter aufwacht und schreit?«

– »Ich nehme sie hoch und kontrolliere die Windel.«

– »Und wenn sie dann immer noch schreit?«

– »Dann füttere ich sie.«

– »Und wenn sie nichts isst?«

– »Dann trage ich sie herum. Oder ich lege sie in den Kinderwagen und mache einen Spaziergang.«

– Also könnte man sagen, dass sie versucht, ihren Kummer auszudrücken, und du versuchst, rauszukriegen, was sie eigentlich braucht? Und du lässt auf deine Vermutung etwas folgen, um ihr Problem zu lösen?«

– »Ja so könnte man sagen.«

– »Für mich klingt das, als ob du mit deiner Tochter genauso kommunizierst, wie ich es beschrieben habe.«

– »Ja stimmt, das ist ja richtig!« Und der Vater strahlte über das ganze Gesicht.

Empathisches Zuhören und lösungsfokussiertes Fragen beginnen nicht erst in einem bestimmten Alter. Es ist etwas, das eigentlich alle Eltern von Anfang an tun. Was ich vorschlage, ist, damit weiterzumachen. Was sich mit den Jahren, die ein Kind älter wird, ändert, ist, wie man dieses Verhalten anpasst. Wenn Kinder sehr klein sind, überprüfen wir unsere Vermutungen durch Handlungen. Wir wechseln die Windel, füttern, kuscheln, bieten Ruhe an. Wir gehen instinktiv davon aus, dass dem Verhalten des Kindes ein Bedürfnis zugrunde liegt, und wir helfen ihm, dieses Bedürfnis zu befriedigen. Wenn die Kinder älter werden, können wir dazu übergehen, Fragen zu stellen: »Bist du hungrig? Müde? Willst du kuscheln? Willst du spielen?« Und so nähern wir uns Schritt für Schritt der Lösung. Das Verhalten selbst aber ist tatsächlich dasselbe: vermuten, was das Kind braucht, dieses Bedürfnis respektieren und das Kind dabei unterstützen, es zu befriedigen (wenn vielleicht auch nicht immer zu genau dem Zeitpunkt, zu dem das Kind es gern hätte).

Muss man vermuten, was das Kind braucht?

Manche Eltern finden es schwierig, die Bedürfnisse eines Kindes zu vermuten. Bei Gefühlen tun sie sich leichter, aber was genau braucht das Kind? Die Schwierigkeiten liegen natürlich darin begründet, dass wir es nicht gewohnt sind, über die Bedürfnisse anderer Menschen nachzudenken. Wir denken auch über unsere eigenen Bedürfnisse ziemlich selten nach. Aber das kann man üben! Zum Beispiel könntest du die Liste mit verschiedenen Bedürfnissen, die du am Ende des Buches findest, ausschneiden. Hänge sie an einen Platz auf, an dem du sie gut siehst, zum Beispiel an der Kühlschranktür. Jedes Mal, wenn du dir Fragen über deine eigenen Bedürfnisse, die deiner Kinder oder eines anderen Menschen stellst, schaust du auf die Liste. Hast du nach dem Telefonat mit deinem Partner gerade den Telefonhörer auf die Gabel geknallt, weil der das Elterntreffen in der Schule vergessen hat? Schau auf die Liste! Was bedeutet deine Reaktion? Willst du mehr Zusammenarbeit? Möchtest du mehr Rücksicht? Mehr Verständnis? Hat dein Kind »Idiot« gebrüllt, ohne dass du wirklich weißt, wieso? Will es vielleicht mehr Respekt von dir? Mehr Verständnis? Mehr Fürsorge? Bewerte möglichst nicht, ob es »recht« oder »unrecht« hat in seinen Bedürfnissen, denk einfach darüber nach, welche Bedürfnisse es haben könnte.

Wenn man trainiert, Bedürfnisse besser wahrzunehmen, empfehle ich, mit etwas zu beginnen, was die Kinder kennen. Kinder nehmen Fragen wie »Bist du traurig?« oder »Bist du über etwas wütend?« meist sehr dankbar an, weil sie ihnen signalisieren, dass die Eltern den Wunsch haben, zu verstehen, und nicht kritisieren oder infrage stellen. Ein wichtiger Aspekt ist, dass Kinder, deren Bedürfnisse man zu verstehen sucht, selbst mehr Lösungsmöglichkeiten für ihr Problem finden. Negative Gefühle hat man, wenn ein oder mehrere Bedürfnisse nicht befriedigt werden. Kummer kann z. B. ein Anzeichen dafür sein, dass das Bedürfnis nach Fürsorge oder Respekt nicht befriedigt wird (oder auch etwas ganz anderes). Angst deutet vielleicht auf den Wunsch nach mehr Geborgenheit. Wenn wir das Bedürfnis in den Mittelpunkt stellen, öffnen wir uns für Veränderungen. Erst wenn man weiß, was man braucht, kann man entsprechend handeln und so das Bedürfnis erfüllen.

Aber auf manches muss man doch wirklich nicht hören?!

– Ich denke gar nicht daran, Johann zu meinem Geburtstag einzuladen. Ich hasse diesen Trottel. Was wäre es schön, wenn der tot wäre.«

– »Na hör mal, so was sagt man doch nicht! Du kannst jemanden nicht leiden, aber man wünscht doch nicht, dass jemand tot ist!«

Wenn Kinder ihre Sorgen in Schimpfwörtern ausdrücken, kann es für Eltern eine große Herausforderung sein, darauf zu antworten. Auf manches wollen Eltern ja nicht hören, oder? Manche Eltern sagen, es gebe schließlich Grenzen, und auf manches wollen sie einfach nicht hören. Sie denken nicht daran, herauszufinden, warum ihr Kind das Bedürfnis hat, Schimpfwörter zu benutzen. Mir haben schon viele Eltern erzählt, wie gut es funktioniert, einfach auf Durchzug zu schalten, wenn Kinder so sprechen. »Wir haben die Vereinbarung, dass wir solche Sachen einfach nicht sagen, und nun haben die Kinder auch damit aufgehört.« Jedes Mal, wenn ich Eltern so reden höre, denke ich darüber nach, ob die Kinder wirklich aufgehört haben, Schimpfwörter zu verwenden, oder ob sie einfach verstummt sind. Ich meine damit natürlich nicht, dass sie »komplett schweigen«, sondern dass sie über für sie wichtige Erfahrungen und Gefühle einfach nicht mehr sprechen.

Stell dir vor, du kommst von einem Besuch bei deiner Mutter nach Hause. Obwohl du bei ihr den Rasen gemäht hast, hat sie dir vorgeworfen, du unterstütztest sie nicht richtig. Du sinkst am Küchentisch zusammen und aus dir bricht es heraus: »Verdammt! Manchmal

denke ich wirklich, Mama ist eine selbstsüchtige alte Hexe!« Mit hoch-
gezogenen Augenbrauen hört dein Partner das und sagt dann mit
ziemlicher Schärfe:»Weißt du, es ist wirklich nicht okay, so über andere Menschen zu sprechen!«

Ich vermute, du bist traurig? Vielleicht sogar sauer? Denkst, dein Partner versteht aber auch rein gar nichts? Will dich nicht verstehen? Was
wirst du beim nächsten Mal machen, wenn du nach einem Besuch bei
deiner Mutter traurig und müde bist? Vielleicht entscheidest du, gar
nichts zu erzählen, weil du denkst, dein Partner wolle dich sowieso
nicht verstehen?

Genau dieser Prozess läuft auch in einem Kind ab, wenn Eltern auf
ihre Erzählungen damit antworten, dass sie an ihrer Wortwahl her-
ummäkeln. »Das sagt man nicht!«,»Ich will nicht, dass du deine
Schwester Idiotin nennst!«,»Es ist nicht okay, sich zu wünschen, jemand solle sterben!« Zwischen den Zeilen versteht ein Kind dann
nämlich: »Welche Worte du benutzt, ist wichtiger, als welche Gefühle
und Bedürfnisse du hast.« Kinder denken dann, die Erwachsenen verstehen sie sowieso nicht – oder wollen sie nicht verstehen –, und
hören bald auf, irgendetwas zu erzählen.

Ja, vielleicht funktioniert es, wenn man Kinder immerzu korrigiert
und nicht hinhört, wenn sie Schimpfwörter verwenden. Vielleicht
bringt man sie so dazu, genau das nicht mehr zu tun. Ich bin allerdings
davon überzeugt, dass es nicht funktioniert, weil Kinder dann nämlich
gar nichts mehr über ihre Erlebnisse und Gefühle erzählen und sich
der Kontakt zwischen Eltern und Kinder auf banales Alltagsreden re-
duziert. Und noch dazu bekommt das Kind keine Hilfe bei der Lösung
seines Problems.

Heißt das nun also, Eltern müssten akzeptieren, wenn Kinder ihre Ge-
schwister »Idiot« nennen, fluchen und ihre Klassenkameraden ver-
wünschen? Kann man nicht sowohl einen guten Kontakt haben als
auch den Kindern beibringen, respektvoll miteinander zu sprechen?
Aber klar kann man das. Aber alles hat zwei Seiten. Wenn ein Kind
einen Schulkameraden »verdammter Idiot« nennt und sagt, es
wünschte, der wäre tot, kann man wählen: Konzentriert man sich auf

Worte, die man nicht hören will, oder auf den Kontakt mit dem Kind und versucht zu verstehen, was eigentlich los ist?

- »Oh je, du hast ganz schön heftige Gefühle, wenn es um Johann geht. Ich würde gern mehr wissen!«
- »Er ist ein Scheißkerl. Als ich die Matheaufgabe nicht gekonnt habe, hat er mich ausgelacht und jetzt denken die anderen, dass ich ein Trottel bin!«
- »Ich vermute, darüber bist du sehr traurig? Und ich denke, du willst respektvoll behandelt werden, egal, ob du die Matheaufgabe kannst oder nicht?«
- »Hm. Die Lehrerin hat auch gelacht, ein bisschen. Und hat gesagt, ich sollte den Kopf benutzen, der auf meinen Schultern sitzt …«

Dass die Mutter in diesem Beispiel die Aussage ihres Kindes, Johann sei ein Idiot, ernst genommen hat, führt dazu, dass ihr Kind mehr erzählt – es heißt nicht, dass sie die Art, wie ihr Kind spricht, akzeptiert. Es heißt, dass sie in genau diesem Moment Prioritäten setzt – auf Kontakt und Verständnis. (Und was für ein Glück, sonst hätte sie vielleicht nie erfahren, wie anstrengend es für ihren Sohn in der Schule sein kann!) Das Leben wird dieser Mama noch viele Gelegenheiten bieten, bei denen sie sagen und zeigen kann, für welche Werte sie steht und welche Art des Sprechens sie schätzt.

Tipps, wie man Zuhören lernen kann

Stelle Vermutungen an

Man kann gar nicht oft genug sagen, dass es die wichtigste Aufgabe von Eltern ist, die empathisch zuhören wollen, Vermutungen über die Gefühle und Bedürfnisse ihres Kindes anzustellen. Eltern sollten offen dafür sein, dass ihr Kind etwas ganz anderes sagt als das, was die Eltern vermutet haben. Wenn wir nämlich nicht vermuten, dann analysieren wir. Und das wird selten geschätzt. Es trägt nämlich nichts dazu bei, den Kontakt zu einem anderen Menschen zu verbessern, wenn der eine glaubt, besser zu wissen als der andere, was dieser benötigt. Deshalb möchte ich gern nochmals darauf hinweisen, wie wichtig alles ist, was nicht in Buchstaben sichtbar wird – also Körpersprache, Tonfall und Gesichtsausdruck. Auf allen Kanälen sollte man seinem Kind signalisieren: »Das ist nur eine Vermutung von mir. Natürlich weißt nur du, wie es wirklich ist.«

Das heißt auch, dass es überhaupt kein Problem ist, wenn man eine falsche Vermutung hat. Eltern sollten sich deshalb keine Sorgen machen. Da es nur eine Vermutung ist, ist niemandes Prestige in Gefahr. Kinder beurteilen ihre Eltern nicht, sondern sind im Gegenteil froh darüber, dass diese zu verstehen suchen. Die üblichste Reaktion auf eine falsche Vermutung ist meist, dass ein Kind mehr erzählt:

- »Bist du wütend?«
- »Nein, eigentlich nicht. Ich bin enttäuscht, glaube ich.«

Aber muss man wirklich und ausdrücklich vermuten? Kann man nicht einfach nur fragen, wie es dem Kind geht und was es braucht? Klar, das kann man versuchen. Nach meiner Erfahrung brauchen Kinder aber sehr viele Worte und müssen sehr geübt darin sein, ihre Bedürfnisse auszudrücken und ausführlichere Antworten zu geben als »Es fühlt sich nicht so gut an« oder »Ich weiß nicht, was ich brauche«. Wenn Eltern aber Vermutungen anstellen, stimulieren sie ein Kind, selbst und in sich zu suchen und seine Gefühle und Bedürfnisse auszudrücken.

Verliere dein Ziel nicht aus den Augen

Manche Eltern, die das empathische Zuhören und lösungsfokussierte Fragen lernen wollen, geben nach einer Weile auf, mit der Begründung, es funktioniere nicht so wie erhofft. Ich erinnere mich an einen Papa, der mit mir wegen seiner siebenjährigen Tochter sprechen wollte. Die Tochter war größer als ihre gleichaltrigen Klassenkameraden, sie hatte ziemlich große Füße, übergewichtig war sie nicht direkt, aber doch nicht wirklich schlank. Dem Vater war aufgefallen, dass seine Tochter in letzter Zeit traurig wirkte. Sie hatte vor dem Spiegel gestanden, geweint, weil sie »so riesig wie eine Giraffe« sei, und sich geweigert, neue Schuhe zu kaufen, obwohl ihre zu klein waren.

Gemeinsam überlegten der Vater und ich, wie man jemandem begegnen soll, der traurig ist. In verschiedenen Rollenspielen war er zu dem Ergebnis gekommen, dass er empathisch zuhören und lösungsorientierte Fragen stellen sollte. Nach einigen Wochen traf ich ihn wieder und er war ziemlich aufgewühlt und irritiert. »Jetzt habe ich meiner Tochter mehrere Wochen empathisch zugehört, aber das funktioniert einfach nicht! Sie ist immer noch traurig, weil sie so groß ist.«

Als ich das hörte, wurde mir klar, dass ich in Sachen empathisches Zuhören und welche Ergebnisse es haben kann vielleicht nicht so deutlich und klar gewesen war, wie ich gewollt hatte. Der Vater hatte gehofft, dass er so dazu beitragen könne, dass die Tochter ihre Körpergröße anders empfände. Aber dass er ihr empathisch zugehört hatte, hatte keinen Einfluss auf die Tatsache, dass seine Tochter sehr groß war. Und es bewirkte auch keine anderen Gefühle in ihr oder änderte ihr Verlangen, mehr wie die anderen zu sein. Empathisches Zuhören ist kein Knopf, den man drückt und mit dem man auslöst, dass ein Kind anders denkt und fühlt oder seine Bedürfnisse verändert.

Empathisches Zuhören ist eine Verhaltensweise,
die dazu beiträgt, den Kontakt zu einem anderen
Menschen zu intensivieren, Vertrauen wachsen
zu lassen und Respekt zu vermitteln.

Respektiere alle Gefühle

Der Wunsch, das Kind möge etwas anderes fühlen als das, was es fühlt, ist bei Eltern weit verbreitet. Uns schmerzt es, wenn Kinder leiden, Angst haben oder verzweifelt sind. »Geliebtes großartiges Kind! Du sollst für immer fröhlich und glücklich sein! Schmerz und Sorge,

Angst und Kummer – weichet hinweg!« Das ist zwar ein sehr natürlicher Impuls, aber ich glaube, wir erweisen Kindern einen Bärendienst, wenn wir versuchen, ihre negativen Empfindungen wegzublasen. Ich bin der festen Überzeugung, dass es uns allen – Erwachsenen wie Kindern – bessergeht, wenn wir alle Arten von Gefühlen kennen.

Mehr als jeder andere Mensch in meinem Leben hat meine Tochter mir beigebracht, dass alle Gefühle wichtig sind. Ich erinnere mich an etwas, das passierte, als sie 5 Jahre alt war. Im Jahr davor war sie in die KiTa gekommen und das gesamte Jahr war voller emotional aufwühlender Abschiede gewesen. Sie weinte jeden Morgen, wenn ich wegging. Zuerst leise, dann immer lauter und verzweifelter. Jeden Morgen taten die wohlmeinenden Pädagogen alles, um sie aufzumuntern und auf andere Gedanken zu bringen. Sie schlugen ihr Aktivitäten vor, erinnerten sie an alle die schönen Dinge, die sie heute erleben werde, lobten ihre Klamotten, ihre Haarspange oder ihre Frisur. Jeden Morgen bemühte ich mich, ihre Gefühle und Bedürfnisse in Ordnung zu bringen: »Herzchen, bist du traurig? Ist es wichtig für dich, dich geborgen zu fühlen?« Solche und ähnliche Vermutungen kamen mir täglich über die Lippen.

Das Problem war – im Nachhinein wurde mir das klar –, dass weder ich noch die Pädagogen die Gefühle und Bedürfnisse meiner Tochter, nämlich dass ihr Leben nicht so war, wie sie es wollte, respektierten. Wir wollten, dass sie nicht mehr traurig war, sondern fröhlich, eifrig und enthusiastisch. An einem Morgen hatte ich eine Eingebung und fragte meine Tochter:

- »Sag mal, ist es vielleicht so, dass du traurig sein willst, wenn ich dich in der KiTa lasse?«
- »Ja, ich vermisse dich, Mama.«
- »Würdest du dir wünschen, mich nicht zu vermissen?«
- »Nein, ich will dich vermissen, wenn wir nicht zusammen sind. Das Problem ist nur, dass ich in der KiTa nicht in Ruhe traurig sein kann.«

Ihre Antwort veränderte etwas in mir. Plötzlich war es mir nicht mehr wichtig, dass sie froh war, wenn ich ging, sondern ich wollte, dass sie ihre Traurigkeit ausleben konnte. Und wenn ich ehrlich mit mir selber war, ich selbst war beim Weggehen doch auch immer ein bisschen traurig. Zusammen mit den Pädagogen besprachen wir, wie wir uns verhalten wollten, wenn sie traurig war. Sie sagte, dass sie auf einem besonderen Stuhl sitzen wolle und in einem speziellen Zimmer. Sie wolle Papier und Stifte haben, damit sie etwas malen könne, während sie traurig sei.

Ein paar Tage später verließ ich, zum ersten Mal seit mehr als einem Jahr, kein verzweifelt weinendes Kind, sondern eines, das ruhig und traurig war. Noch ein paar Tage später bekam ich nur noch einen flüchtigen Kuss und sie sauste sofort zu den anderen Kindern. Als wir an diesem Tag nachmittags nach Hause gingen, sagte sie spontan zu mir:

– »Heute war ich nicht traurig, als du gegangen bist, Mama. Ich kann dich nämlich vermissen und gleichzeitig fröhlich sein.«

Ich bin fest davon überzeugt, dass sie, als sie endlich, nach mehr als einem Jahr, Respekt vor ihren Gefühlen und Bedürfnissen erfuhr, auch in Kontakt mit ihren anderen Gefühlen kommen konnte. Die Lehre, die ich daraus gezogen habe, lautet: Man kann nicht zwischen »guten« und »schlechten« Gefühlen unterscheiden. Alle sind gleich wichtig, alle haben gleich viel Respekt verdient. Erst wenn wir Kindern den Raum geben, allen Gefühlen Ausdruck zu verleihen, können sie auch wirklich und von Grund auf froh sein.

Die Gefühle seiner Kinder zu respektieren ist ein zentraler Faktor beim empathischen Zuhören. Wer sich dafür entscheidet, entscheidet sich auch dafür, alle Gefühle seines Kindes zu respektieren, und denkt nicht, es gebe Gefühle, die besser als andere seien, oder dass manche Gefühle zu heftig oder zu schwach seien. Wenn wir das nicht akzeptieren, übersetzen Kinder, dass wir Fehler in ihren Gefühlen sehen, und dann hilft es überhaupt nichts, wenn man das empathische Zuhören perfekt beherrscht. Auf den Kontakt zwischen Kindern und Eltern wirkt es sich dennoch aus.

Im Alltag empathisch zuhören

Jetzt wird es aber Zeit, Alltagstauglichkeit in das empathische Zuhören zu bringen! Ich greife typische Familiensituationen auf und gemeinsam schauen wir, wie sich das empathische Zuhören dann anwenden lässt.

Wenn Kinder unzufrieden sind

- »Meine Tochter ist nie zufrieden! Ganz egal, ob ich den ganzen Tag mit ihr zusammen nur das gemacht habe, was sie wollte, abends jammert sie trotzdem, wenn ich die Zeitung lesen und einen Moment für mich haben will.«
- »Ja, und was jetzt? Mein fünfjähriger Sohn ist genauso. Neulich erst verbrachten wir einen ganzen Tag zusammen. Nur er und ich. Erst gingen wir in die Stadt und schauten nach Spielsachen. Dann haben wir gegessen und danach sind wir ins Kino. Als wir das Kino verließen, fing er an zu schreien, er wolle nicht nach Hause, sondern noch einen Film sehen. Ein bisschen Dankbarkeit hätte mich schon sehr erfreut …«

Wir reagieren sehr stark darauf, wenn wir uns für unsere Kinder anstrengen und das Gefühl haben, diese wertschätzen das nicht. Wir wollen in unseren liebevollen Handlungen wahrgenommen werden, und wenn das nicht geschieht, wächst die Enttäuschung: »Jetzt habe ich mich so ins Zeug gelegt, und statt dankbar zu sein, meckern sie. Warum können meine Kinder nicht einfach mal zufrieden sein!?«

Schauen wir einmal durch die Brille des empathischen Zuhörens unsere Auffassung, die Kinder seien unzufrieden, näher an. Stimmt das wirklich? Ich zweifle daran. Ich erinnere mich nämlich gut daran, was ich gesagt habe, als der letzte Urlaub zu Ende ging: »Och, ich habe gar keine Lust auf die Arbeit! Ich hätte gern noch einen Monat Urlaub!« Bedeutet das, dass mir der Urlaub nicht gefallen hat? Genau das Gegenteil, ich war super zufrieden. Ich denke auch daran, wie ich reagiere, wenn mein Mann mir den Rücken krault und dann aufhört. Und es ist ganz egal, ob das nach 20 Sekunden oder 20 Minuten ist, ich seufze hörbar und bitte ihn, nicht aufzuhören. Bedeutet das, dass ich unzufrieden bin? Nein, ganz im Gegenteil.

Und Kinder funktionieren genauso wie ich. Ein Kind, das nach einem langen Tag mit leckerem Essen und Spielen und Kino brüllt, dass es den Film nochmals sehen will, sagt doch zwischen den Zeilen: »Das war so ein schöner Tag! Einfach fantastisch! Ich wünschte, er hörte gar nicht auf!«

Wenn Eltern nicht auf das hören, was zwischen den Zeilen gesagt wird, sondern direkt auf das reagieren, was ihr Kind sagt – »Ich will noch einen Film sehen!« –, klingt das vielleicht so: »Jetzt habe ich den ganzen Tag mit dir verbracht! Wir haben was Leckeres gegessen, wir waren im Kino. Kannst du nicht mal zufrieden sein? Musst du immer noch mehr wollen?« Ein Kind, das diese Antwort hört, fühlt sich mit Sicherheit missverstanden. Es ist ja ganz und gar nicht unzufrieden mit seinen Eltern. Im Gegenteil. Vielleicht weckt die Antwort der Eltern auch beunruhigende Gedanken im Kind: »War das für Mama ein Opfer, mit mir zusammen zu sein? Fand sie es nicht so cool wie ich?« Verwirrung und Enttäuschung wären dann normal und es wird dann einen Teil der eigenen Freude infrage stellen: »Wieso muss ein schöner Tag so hässlich enden?«

Wenn Eltern aber empathisch zuhören, lässt sich die Situation verändern. Statt konfliktreich wird sie dann kontaktstärkend:

- »Ich will noch einen Film sehen!«
- »Das war wirklich klasse, oder? Man könnte ja eine Woche hierbleiben!«
- »Können wir noch einen Film anschauen?«
- »Nein, ich möchte jetzt gern heim zu Papa und deinem kleinen Bruder. Aber ich freue mich schon aufs nächste Mal, wenn du und ich etwas Schönes zusammen machen. Du auch?«
- »Ja! Können wir das nächste Mal den Schlümpfe-Film sehen, wenn wir ins Kino gehen?«
- »Die Schlümpfe? Denkst du, der ist gut?«
- »Ja. Andi hat gesagt, der ist klasse.«

- »Du, mich interessiert auch, wie du den Film fandest, den wir heute geschaut haben. Ich mochte den Troll am liebsten. Und du?«
- (Das Gespräch über den Film wird fortgesetzt, auch über das gemeinsame Essen und alle Erlebnisse dieses Tages sprechen beide weiter.)

Wenn Eltern auf die Gefühle und Bedürfnisse ihres Kindes hören, fühlt dieses sich verstanden und vermutlich auch glücklich. Es ist doch wunderbar, zu spüren, dass die Person, mit der man einen ganzen Tag zusammen war, das auch genossen hat. Empathie führt Eltern auch auf eine andere Spur, als wenn sie direkt auf das reagieren, was ein Kind sagt. Auch Eltern sind glücklicher, wenn sie sich auf die Zufriedenheit des Kindes konzentrieren und verstehen, wie das Kind diese ausdrückt.

Hast du bemerkt, dass in dem Dialog oben das Wörtchen »aber« nicht vorkommt? Es kommt ziemlich häufig vor, dass Eltern zunächst empathisch zuhören, Vermutungen über die Gefühle und Bedürfnisse ihres Kindes anstellen und dann ein »aber …« obendrauflegen. »Ja, das war wirklich toll, oder? Aber jetzt müssen wir heimfahren …« Das Resultat wird selten das sein, was Eltern sich wünschen. Die Erklärung ist einfach. Das Wörtchen »aber« funktioniert wie ein Radiergummi und löscht, was vorher gesagt wurde. Stell dir vor, jemand sagte zu dir: »Ich finde deine Frisur wirklich schön. Aber deine Jacke ist echt schrecklich!« Für die meisten Menschen dürfte der vorherrschende Eindruck dann der sein, dass die Jacke hässlich ist. Und so ist es auch bei Eltern: »Das war wirklich klasse, oder? Aber jetzt müssen wir nach Hause …« Das Resultat wird eher Konflikt als Kontakt sein.

Aber, sagst du nun vielleicht, manchmal muss man doch »aber« sagen. Was soll man denn stattdessen sagen? Ich schlage das Wort »gleichzeitig« vor. Wenn Eltern ihr Kind zufrieden in der KiTa spielen sehen und gleichzeitig daran denken, dass noch gekocht werden muss und die Wäsche wartet, könnten sie sagen: »Ich sehe, wie gut es dir geht und dass du so schön spielst. Gleichzeitig habe ich Interesse daran, dass wir jetzt schnell nach Hause fahren, damit das Essen fertig und die Wäsche gewaschen wird. Könntest du deshalb bitte mitkommen?«

Wenn Kinder Wutanfälle bekommen

Unglück im Supermarkt. Alle Eltern (und Kinder) haben das schon erlebt. Meistens passiert es vor der Truhe mit dem Eis, bei den Süßigkeiten oder am Regal mit den Spielsachen. Und es folgt immer derselben Logik:

– »Papa, können wir nicht ein Eis kaufen?«
– »Nein, heute gibt es kein Eis.«
– »Wieso denn nicht?«
– »Du hast diese Woche schon drei Mal Eis gehabt.«
– »Aber Papa, ich will ein Eis!«
– »Ja, das glaube ich dir gern, aber es gibt keins. Hör auf mit dem Gebrüll!«
– »Aber Papaaaaaaaaaa!«

Wie gelingt es, dass Kinder keinen Anfall bekommen, wenn es kein Eis, keine Süßigkeiten oder kein Spielzeug gibt? Diese Frage stellen sich viele Eltern. Ich sage dann immer, die Frage ist falsch gestellt. Ich glaube nicht, dass die Kinder so wütend werden, weil sie nicht bekommen, was sie wollen. Ich glaube, sie sind deshalb so wütend, weil sie sich nicht verstanden fühlen. Wenn ein Kind vor der Truhe mit dem Eis auf dem Fußboden liegt und brüllt, ist der Hauptgrund nicht das Eis. Es will, dass Papa versteht, dass es Eis will. Durch empathisches Zuhören kann Papa seiner Tochter dieses Verständnis vermitteln:

– »Papa, können wir nicht ein Eis kaufen?«
– »Nein, können wir nicht, meine kleine Eisliebhaberin.«
– »Warum nicht?«
– »Weil es mir wichtig ist, dass du gut isst. Trotzdem bekommst du jeden Tag Eis oder Süßigkeiten, oder?«
– »Ja, das will ich. Ich will ein Eis!«
– »Ich weiß … Welche ist denn deine Lieblingslieblingssorte?«
– »Flutschfinger! Und Smartie-Eis. Und Cornetto …«
– »Hmmm, Cornetto mag ich auch. Und Magnum mit weißer Schokolade. Magst du das auch?«
– (Das Gespräch über Eissorten wird fortgesetzt, welche man mag und welche nicht, welche man das nächste Mal testen wird usw.)

Dieses Kind wird mit größter Wahrscheinlichkeit keinen Wutanfall bekommen, wenn der Vater später an der Truhe mit dem Eis vorbeigeht. Es fühlt sich verstanden, respektiert und ernst genommen. Wenn der Vater aber Nein sagt, ohne die Gefühle seines Kindes zu bestätigen und so zu zeigen, dass diese okay sind, erlebt das Kind das so, dass sein Vater sich nicht um seine Gefühle schert – und sich auch nicht um das Kind selber schert. Das weckt Wut und Enttäuschung im Kind und das starke Bedürfnis, zu vermitteln, dass es wichtig ist und ernst genommen werden will. Wer aufmerksam zwischen den Zeilen liest, hört ja auch: »Nimm mich ernst!«

Kinder wissen eigentlich immer, was sie wollen, aber sie wissen nicht immer, was ihnen guttut. Deswegen können und sollen Kinder nicht in allen Zusammenhängen ihren Willen bekommen. Ich würde gerne sehen, was passieren würde, wenn wir Erwachsenen – so wie der Papa in meinem Beispiel – so auf die Gefühle der Kinder eingingen. Begegnen wir ihren Wünschen mit Empathie, fühlen Kinder sich verstanden und wissen, dass wir sie respektieren. Das ist gut fürs Selbstwertgefühl. Es trägt dazu bei, innige und vertrauensvolle Beziehungen zu schaffen.

Auch Eltern haben Gefühle

Versuche, die Gefühle und Bedürfnisse deines Kindes zu verstehen. Zeige, dass du sie respektierst, auch dann, wenn du nicht magst, wie das Kind sie ausdrückt. Unterstütze das Kind darin, seine Bedürfnisse zu befriedigen, und zwar so, dass es auch für seine Umgebung okay ist.

Aber Kinder sind nicht die Einzigen, die Gefühle und Bedürfnisse haben. Das gilt selbstverständlich auch für die Eltern. Im nächsten Kapitel geht es darum, wie du mit deinen Kindern über deine Gefühle und Bedürfnisse sprechen kannst, und zwar so, dass deine Kinder zuhören und dich respektieren. Wir schauen uns auch scheinbar aussichtslose Situationen an, wenn Kinder und Eltern einander zuhören und respektieren, aber doch keine gemeinsame Lösung finden.

7 Sprechen – ohne Kränkung, Drohung oder Bestechung

»Wie soll ich es machen? Ich weiß wirklich nicht, wie ich meine Kinder dazu bringen soll, sich auch um meine Bedürfnisse zu kümmern, ohne dass ich sie anschreie!« Die Mutter, die mir gegenübersaß, war verzweifelt. Ein paar Tage zuvor war ihr plötzlich deutlich geworden, dass sie nicht so wie bisher mit ihren Kindern sprechen wollte. Sie wollte damit aufhören, ihre Kinder anzuschreien, zu bedrohen oder zu kränken. Die Einsicht war, einem Sturzbach gleich, über sie gekommen, als ihr siebenjähriger Sohn nach einem Streit darüber, wer denn nun die Spülmaschine ausräumen sollte, sich neben ihr auf dem Sofa zusammengerollt hatte und mit zitternder Stimme sagte: »Mama, es ist nicht mein Fehler, dass du mich geboren hast.« Nun weinte die Mutter ebenfalls. »Er glaubt, dass ich ihn nicht mag! Er fühlt sich furchtbar! Verstehst du?!« Ich verstand sie. Und dachte, dass ihre Erklärung leider einige Wahrheiten beinhaltete. Wenn Erwachsene Kinder infrage stellen, anklagen, Schuldgefühle in ihnen auslösen oder sie kritisieren, hören die Kinder nicht nur die Worte. Das Risiko besteht, dass sie auch diese Botschaft zwischen den Zeilen hören:

- »Du taugst nichts!«
- »Ich bin nicht zufrieden mit dir!«
- »Du bist nicht gut genug!«

Aber Eltern können anders vorgehen. Es geht darum, wie wir unseren Kindern unsere Bedürfnisse klarmachen können und sie darum bitten, sie zu respektieren, und das, ohne gleichzeitig das Selbstwertgefühl unserer Kinder zu beschädigen.

Warum machen Kinder, was Eltern von ihnen wollen?

Friede und Ruhe, Fürsorge, Respekt, Ordnung, Zusammenarbeit, Zuneigung, Gemeinschaft, Verständnis … Für deine Bedürfnisse als Erwachsener, die du befriedigt sehen willst, finden sich wahrscheinlich massenhaft Dinge, um die du deine Kinder bitten möchtest. Die Kleider aufheben oder die Spielsachen aufräumen? Dich morgens schlafen lassen? Beim Tischdecken helfen? Das Radio leiser stellen? Bei einigen dieser Dinge vermute ich, dass deine Kinder sie bestimmt nicht machen würden, wenn es nach ihnen ginge. Warum soll man die Spielsachen aufräumen, wenn man doch am nächsten Morgen wieder damit spielen soll?

In meinen Elternkursen frage ich Eltern gerne: »Wenn dein Kind tut, was du willst, und damit vermutlich etwas tut, was es von sich aus gar nicht möchte, was ist deiner Meinung nach der Grund dafür?« Nach etwas Nachdenken kommen ganz unterschiedliche Antworten:

- »Damit ich froh bin.«
- »Damit sie ihr Taschengeld bekommen.«
- »Weil mein Kind weiß, dass man das so macht.«
- »Weil sie sonst nicht fernsehen dürfen.«
- »Um Streit und Krach zu vermeiden.«
- »Weil es sich gut anfühlt, zu helfen.«
- »Weil Mamas gut darin sind, ihrem Kind ein schlechtes Gewissen zu machen.«
- »Um sich nicht als schlechter Mensch zu fühlen.«

In diesen Antworten kann man vier Hauptbeweggründe dafür finden, dass Kinder tun, was Eltern von ihnen wollen. Es geht um Angst (vor der Wut der Erwachsenen, vor einer möglichen Strafe oder dem Verlust einer Belohnung). Es geht um das Vermeiden von Schuldgefühlen (der Gedanke, dass man schlechte Dinge getan hat) und Schamgefühlen (der Gedanke, man sei ein schlechter Mensch). Und es geht um den Wunsch, etwas beizutragen.

»Wie kann ich meine Kinder dazu bringen, auch meine Bedürfnisse zu respektieren, ohne dass sie sich gleichzeitig mies dabei fühlen?« Das war die verzweifelte Frage der Mutter zu Beginn dieses Kapitels. Sie hatte es mit Wut, Strafe, Bestechung, Schuld- und Schamgefühlen versucht und hatte vermutlich gesehen, dass dies halbwegs funktionierte, weil ihre Kinder oft taten, was sie von ihnen wollte. Aber der Preis dafür war hoch gewesen: Sie hatte dafür mit dem Selbstwertgefühl bezahlt – ihrem genauso wie dem ihrer Kinder. Jetzt blieb ihr nur noch die Möglichkeit, an den Wunsch des Kindes, etwas beizutragen, zu appellieren. Sie schaute mich voller Zweifel an, als ich ihr das sagte. Sollte sie wirklich davon ausgehen, dass ihr Kind dazu beitragen wollte, dass auch ihre Bedürfnisse erfüllt würden?

Viele Eltern teilen die Zweifel dieser Mutter. Auch wenn sie den Wunsch haben, dass ihre Kinder etwas für andere tun, weil sie das wollen, zweifeln sie doch gleichzeitig daran. Sind die Kinder denn überhaupt in der Lage dazu, die Bedürfnisse eines anderen zu verstehen? Und kümmert sie es? Ich bin überzeugt, ja, es ist ihnen wichtig. Auch kleine Kinder wissen bereits, was Empathie ist (sich in einen anderen Menschen hineinzuversetzen). Kinder wollen mit ihren Eltern zusammenarbeiten und wollen dazu beitragen, dass es ihnen gut geht. Deshalb müssen wir Kinder weder zwingen noch manipulieren. Was wir tun müssen, ist, von unseren Gefühlen und Bedürfnissen zu sprechen, und zwar so, dass unsere Kinder empathischen Kontakt aufrechterhalten können. Was wir tun müssen, ist, dafür die Voraussetzungen zu schaffen.

10 verbreitete Methoden, auf Kinder einzuwirken

Vielleicht klingt es krass, aber ich bleibe dabei: Vieles von dem, was Eltern zu ihren Kindern sagen, weckt keine natürliche Lust in ihnen, etwas beizutragen. Wenn das Gesagte die Aufmerksamkeitsschwelle überschreitet, weckt es bedeutend öfter Angst, Schuld oder Scham. Bevor ich beschreibe, wie Eltern oft mit Kindern sprechen, möchte ich dich dazu einladen, dein eigenes Sprechen genauer zu betrachten. Ich beschreibe drei sehr typische Konfliktsituationen. Nimm dir ein Blatt Papier und einen Stift und notiere zu jeder Situation, was du in dieser Situation zu deinem Kind sagen würdest.

1. Du bist in der Küche und bereitest das Mittagessen vor. Im Wohnzimmer hörst du deine beiden Kinder darüber sprechen, welches Fernsehprogramm sie sehen wollen. Plötzlich wird der Fünfjährige laut und brüllt seine kleine Schwester an: »Idiotin! Ich hasse dich!« Du willst, dass die beiden sich einigen, was sie anschauen wollen, und du willst, dass sie darüber auf nette Weise sprechen. Was sagst du dem Fünfjährigen?

2. »Ich gehe nochmal raus und fahre Fahrrad mit Ella und Leo!« Deine zehnjährige Tochter zieht ihre Jacke an. »Vergiss den Helm nicht!«, erinnerst du sie. »Ich setze keinen Helm auf! Der Helm ist so hässlich!« Du willst aber, dass sie nur mit Helm Fahrrad führt. Was sagst du zu ihr?

3. Du bist am Telefon und sprichst mit einer Freundin, von der du lange nichts gehört hast. Obwohl du nicht länger als 5 Minuten telefoniert hast, hat deine fünfjährige Tochter das Gespräch schon mehrmals unterbrochen: »Wo ist mein Schmusetier?« »Können wir etwas spielen?« »Kriege ich eine Banane?« Du hast sie darum gebeten, dich in Ruhe telefonieren zu lassen, aber nun steht sie erneut vor dir: »Können wir jetzt endlich was spielen?« Du bist genervt und willst wirklich noch mit deiner Freundin sprechen. Was sagst du deiner Tochter?

Es gibt ungefähr 10 typische Verhaltensmuster, wie Eltern in solchen Konfliktsituationen mit ihren Kindern sprechen.

DROHEN

1. »Wenn du dich nicht bei deiner kleinen Schwester entschuldigst, gibt es keinen Nachtisch!«
2. »Wenn du den Helm nicht aufsetzt, schließe ich das Fahrrad weg!«
3. »Lass mich jetzt endlich in Ruhe telefonieren, sonst spiele ich nachher überhaupt nichts mit dir.«

BESTECHEN

1. »Entschuldige dich bei deiner kleinen Schwester, dann bekommst du auch ein Eis nach dem Essen.«

2. »Jetzt nimm heute den Helm, dann bekommst du beim nächsten Einkauf auch einen neuen.«
3. »Wenn du mich jetzt fünf Minuten ungestört telefonieren lässt, spiele ich danach mit dir.«

BEFEHLEN / VERBIETEN

1. »Ich verbiete dir, so mit deiner kleinen Schwester zu sprechen! Ist das klar?«
2. »Ohne Helm fährst du nicht Fahrrad. Ich verbiete es dir.«
3. »Du lässt mich jetzt in Ruhe fertig telefonieren!«

BEURTEILEN / VERURTEILEN

1. »Es ist nicht okay, jemand anderen ›Idiot‹ zu nennen.«
2. »Es ist ganz und gar inakzeptabel, ohne Helm Fahrrad zu fahren.«
3. »Man unterbricht nicht jemanden am Telefon.«

SAGEN, WAS DAS KIND VERSTEHEN SOLLTE

1. »Du solltest wirklich wissen, dass man so etwas nicht sagt.«
2. »Man sollte ja meinen, dass du weißt, dass man besser mit Helm Fahrrad fährt.«
3. »Jetzt habe ich dir mehrmals gesagt, dass ich in Ruhe telefonieren möchte. Du solltest einsehen können, dass ich jetzt nicht mit dir spielen will.«

SAGEN, WAS DAS KIND (NICHT) VERDIENT / (NICHT) WERT IST

1. »Du bekommst heute kein Essen, wenn du dich so aufführst.«
2. »Und du glaubst, es gibt ein neues Fahrrad zum Geburtstag? Du hast das gar nicht verdient.«
3. »Du hast es nicht verdient, dass wir heute Abend miteinander spielen.«

ETIKETTIEREN

1. »Du bist so gemein!«
2. »Nur Dummköpfe fahren ohne Helm Fahrrad.«
3. »Du bist so ungezogen!«

MIT DEN EIGENEN GEFÜHLEN DEM KIND SCHULDGEFÜHLE MACHEN

1. »Dass ich immer so enttäuscht von dir sein muss.«
2. »Du zwingst mich dazu, dein Fahrrad wegzusperren.«
3. »Du machst mich so wütend, wenn du so quengelst.«

PSYCHOLOGISIEREN

1. »Das machst du nur, um deinen Willen durchzusetzen.«
2. »Glaubst du wirklich, man würde dich mehr mögen, wenn du einen tollen Helm hättest?«
3. »Machst du das, um meine Grenzen auszutesten?«

PÄDAGOGISCHE FRAGEN STELLEN

1. »Was glaubst du, wie sich das für deine Schwester anfühlt, wenn du sagst, dass du sie hasst und sie ein Idiot ist?«
2. »Und was glaubst du passiert, wenn du ohne Helm mit einem Auto zusammenstößt?«
3. »Wie wäre es für dich, wenn ich dich immer beim Spielen unterbräche?«

»Genau das hat meine Mutter immer gesagt!« Wenn die Teilnehmer meiner Elternkurse diese Liste sehen, erinnern sie sich oft an ihre eigene Kindheit. Die meisten sagen, dass ihre Eltern einiges oder sogar vieles von dieser Liste gesagt haben. »Und wie war das für dich, als deine Eltern das zu dir gesagt haben?«, frage ich dann. Eine typische Antwort lautet: »Man hatte halt Angst. Oder fühlte sich dumm und hatte ein schlechtes Gewissen. Und deshalb machte man, was die Eltern wollten …«

Schuld und Scham haben vor allem mit den sieben letzten Punkten meiner Liste etwas zu tun. Angst wird in den drei ersten am deutlichsten. Wenn der Zorn der Erwachsenen das Verhalten der Kinder verändert, ist der Grund die Angst der Kinder vor einer Strafe. Manchmal kommt Eltern Bestechung netter vor als eine Drohung, aber tatsächlich wird das Kind auch dann durch Angst gesteuert – Angst, einer Belohnung verlustig zu gehen (was für die meisten Kinder einer Strafe gleichkommt). Wenn Befehle oder Verbote das Verhalten eines Kindes verändern, liegt dahinter die Angst vor dem Zorn der Erwachsenen.

Viele Eltern erzählen mir auch, dass sich die Beschäftigung mit Angst, Scham oder Schuld in der Erziehung ihrer Kinder auf die Beziehung zu ihren eigenen Eltern auswirkte. Manche sprachen von Verachtung oder Feindseligkeit gegenüber ihren Eltern und wie sich dies sowohl in passivem Widerstand als auch ziemlichem Aufbegehren zeigte. Andere erzählten, wie gut sie im Lügen wurden oder auch darin, sich zu entziehen und Ausflüchte zu machen. Andere berichteten, dass sie keine andere Wahl hatten, als zu gehorchen. Sie erzählen, dass ihre Beziehung zu den Eltern äußerlich intakt wirkte, sie aber Wärme und Zusammengehörigkeitsgefühl vermissten, und dass sie über ihre tatsächlichen Gedanken und Gefühle nie redeten.

Im Zusammenhang mit meiner »Liste« kommen einige Fragen immer wieder. Die erste betrifft das »Beurteilen«. Viele Eltern verwenden ein »Das ist nicht okay« fast wie eine Standardformel, um ihre Kinder zurechtzuweisen. »Ist es wirklich falsch, das zu sagen?«, fragen sie. Nun will ich nicht darüber urteilen, was falsch und richtig ist. Für mich ist wichtiger, darüber nachzudenken, ob eine bestimmte Form der Kommunikation es leichter oder schwerer macht, das selbstgesteckte Ziel zu erreichen. Vorausgesetzt man wünscht sich, dass Kinder mit empathischem Verständnis agieren sollen, bin ich davon überzeugt, dass eine Bewertung in Form von »Das ist nicht okay« ziemlich sinnlos ist. Sie gibt dem Kind nämlich keinerlei Information darüber, was derjenige, der urteilt, weiß oder braucht. Natürlich ist es möglich, dass das Kind sein Verhalten ändert, der Grund dafür wird aber der Wunsch sein, Schuld- oder Schamgefühle zu vermeiden.

Manche Eltern knabbern auch heftig an Zurechtweisungen, die ich mit »Psychologisieren« beschrieben habe. Hier weist man das Kind auf Ursachen für ein bestimmtes Verhalten hin. Vielleicht sagt man also zu seinem Kind: »Du machst das ja nur so, weil du müde bist!« Ja, aber oft ist doch das, was man da sagt, absolut richtig, erwidern die Eltern. Meist antworte ich mit einer Gegenfrage an die Frauen im Publikum: »Wie fühlt es sich für dich an, wenn dein Partner zu dir sagt: ›Du verhältst dich ja nur so, weil du deine Tage hast‹? Sogar wenn dein Partner recht hat, bezweifle ich, dass dieser Satz hilft. Ich vermute, er weckt eher Irritation und Widerstand und vertieft sicher nicht den Kontakt zwischen euch beiden.«

»Pädagogische Fragen« stehen auch auf meiner Liste. Auch sie erschweren Kindern den Kontakt mit ihrem empathischen Vermögen. Viele Erwachsene sind darüber sehr erstaunt. Sie sagen oft Sätze wie »Was glaubst du, wie sich dein Bruder fühlt, wenn du ihn Idiot nennst?«, weil sie an das Mitgefühl des Kindes appellieren wollen. So wie ich das sehe, stellen Eltern diese Fragen aber nicht offen und neugierig – und nur dann würden sie Mitgefühl und Nachdenklichkeit stimulieren. Ich bin davon überzeugt, dass die Kinder zwischen den Zeilen die Botschaft hören: »Es ist falsch, andere Idiot zu nennen, und das solltest du verstehen!« Solche Botschaften wecken Schamgefühle im Kind, nicht Mitgefühl.

Geheuchelte Fürsorge

Jetzt weißt du, wie manche Ermahnungen und Zurechtweisungen Angst, Schuld und Scham in Kindern wecken und es ihnen daher schwer machen, die elterlichen Bedürfnisse und Gefühle zu verstehen. Eine andere typische Form der Zurechtweisung verkleidet sich als Fürsorge. Das ist ziemlich verbreitet und fühlt sich für die meisten Eltern sehr harmlos an – sie sind davon überzeugt, so weder Angst, Schuld- noch Schamgefühle im Kind zu wecken. Deshalb kommt jetzt ein kleiner Weckruf!

Eine typische Szene aus dem Familienleben dient mir als Beispiel. Es ist Freitagabend, fast neun Uhr. Die Eltern freuen sich auf einen entspannten Abend auf der Couch, mit Wein und ein paar Snacks, aber zuerst sollen die Kinder zu Bett gebracht werden:

- »So, ihr Lieben, Zeit ins Bett zu gehen.«
- »Nein! Noch nicht! Wir wollen den Film weiterschauen!«
- »Kommt nicht infrage. Morgen früh fahren wir zu Josef und Leo, da solltet ihr ausgeruht sein.«

Natürlich sorgen wir uns um das Wohlergehen der Kinder. Es geht mir nicht um diese eine Begebenheit, sondern um alle vergleichbaren Begebenheiten, wenn wir Ermahnungen in scheinbare Sorge ums Wohlergehen unserer Kinder verpacken, es uns aber eigentlich um unser eigenes Wohlergehen geht. Denn wenn wir ehrlich sind, geht es uns in unserer Ermahnung eben keineswegs darum, was gut für die Kinder ist, sondern darum, dass wir Erwachsene Zeit für uns selber haben wollen. Kinder haben ein untrügliches Gespür dafür, ob Erwachsene das eine sagen und etwas ganz anderes meinen. Sie merken es an der Stimmlage und unserer Körpersprache. Ich bin auch überzeugt, dass unsere Unehrlichkeit eine Wirkung auf die Kinder hat, auf ihr Selbstwertgefühl genauso wie auf die Qualität der Beziehung zueinander.

Hast du schon einmal jemanden getroffen, der dir als »nicht echt« vorkam? Einen Menschen, der eine Rolle spielte, statt seine echten Gedanken, Gefühle und Bedürfnisse zu offenbaren? Und wie hast du dich da gefühlt? Ich fühle mich bei solchen Gelegenheiten extrem unwohl. Ich denke dann darüber nach, wer dieser Mensch eigentlich ist, ich fühle mich verunsichert, weil ich überlege, ob es an mir liegt, dass sich jemand nicht so zeigt, wie er ist.

Ich bin überzeugt, dass es Kindern nicht anders geht. Auch sie fühlen sich unwohl und beginnen, an sich selbst zu zweifeln, wenn sie Erwachsene treffen, die eine Rolle spielen, statt ihnen aufrichtig zu sagen, was sie denken, fühlen und brauchen. »Bestimmt liegt es an mir, wenn Mama und Papa nicht sagen, was wirklich los ist.« Das hat Einfluss auf das Selbstwertgefühl der Kinder und die Qualität unserer Beziehung zu ihnen.

Eine weitere Folge dieses Rollenspiels von Erwachsenen ist, dass Kinder dann einfach auf stur schalten. Wenn sie ermahnt werden, nun zu Bett zu gehen, damit sie morgen ausgeruht sind, ist die Antwort selten: »Ach so, ich brauche meinen Schlaf? Okay, dann gehe ich jetzt zu Bett.« Die Unaufrichtigkeit der Eltern führt eher dazu, dass die Kinder Widerstand leisten. Sie versuchen, die pädagogische Fassade einzureißen und wollen wissen, was wirklich dahinterliegt. Und die beste Methode, herauszufinden, warum man schlafen soll, ist, einfach weiter aufzubleiben. Früher oder später kommt ja die ehrliche Antwort, wenn Eltern dann erzürnt sagen: »Verflixt noch mal, ab ins Bett mich euch, wir Erwachsenen wollen jetzt endlich unseren Frieden haben!«

Dialog für eine Lösung

Jetzt weißt du, welche Sätze du besser nicht sagst, wenn dir daran liegt, dass dein Kind sich auch um deine Bedürfnisse kümmert und gleichzeitig ein gutes Selbstwertgefühl entwickelt. All die Ermahnungen und Zurechtweisungen, die ich beschrieben habe, nagen am kindlichen Selbstwertgefühl. Jetzt ist es an der Zeit, zu überlegen, was man stattdessen sagen kann, wenn man will, dass das Kind sich sowohl für die Bedürfnisse seiner Eltern interessiert als auch selbst ganz sicher ist, ein wertvoller und großartiger Mensch zu sein. Ich möchte dir ein Kommunikationsmodell vorstellen, das aus vier verschiedenen Komponenten besteht: den eigenen Beobachtungen, Gefühlen, Bedürfnissen und Zielen.

Der Zweck des Modells ist es, Kindern – und natürlich auch Erwachsenen – zu erleichtern, das, was gesagt wird, mit Empathie zu hören. Das bedeutet nicht, dass Kinder immer tun, was ihre Eltern von ihnen wollen. Die Antwort kann weiterhin ein Nein sein. Wenn aber weder Zorn, Drohungen, Bestechungen, Schuld- oder Schamgefühle eine Rolle spielen, kann man das Gespräch fortsetzen und eine Lösung finden, die für beide Seiten gut ist. Die Voraussetzung ist natürlich, dass auch Eltern dazu bereit sind, auf die Bedürfnisse ihrer Kinder zu hören, und eine Lösung wollen, die für sie und das Kind taugt. Wenn Eltern nur eine Lösung akzeptieren können – nämlich ihre eigene –, sind die Aussichten darauf, dass ihr Kind zuhören möchte, ziemlich gering. Anders gesagt: Das Modell kennt keine nicht kränkenden Kniffe, damit Kinder endlich machen, was Eltern ihnen sagen. Aber es verbessert die Voraussetzungen für die Zusammenarbeit zwischen Eltern und Kindern und es stärkt das Selbstwertgefühl von beiden. Das Modell kennst du schon aus Kapitel 6 (S. 64), es ist als Unterstützung und Hilfe dafür gedacht, besseren Kontakt zueinander zu schaffen. Der Kontakt zählt, nicht das Modell! Ich stelle mir immer vor, dass das Modell wie ein

Skelett funktionieren kann. Du bekleidest dieses Skelett mit der Sprache, die du schätzt und die für dich funktioniert. Erst wenn du das Modell zu deinem Modell machst, kann es dir dabei helfen, echten, empathischen Kontakt zu schaffen.

Schritt 1: Erzählen, was man wahrnimmt

»Mama, worüber streiten wir eigentlich?« Ich erinnere mich noch gut daran, wie mein Sohn mich das mitten in einem Streit fragte. Und die Frage war absolut berechtigt. Wir hatten schon eine ganze Weile irritiert aufeinander reagiert, aber was das eigentlich ausgelöst hatte, wussten wir beide nicht. Wahrscheinlich braucht es ein ehrliches, neugieriges Kind, um solche Fragen zu stellen. Den meisten Erwachsenen bedeutet Prestige viel, sie wollen nur ungern zugeben, dass sie gerade nicht wirklich weiterwissen, und befürchten, es könnte ihnen als Nachgiebigkeit ausgelegt werden. Deswegen streiten wir lieber und argumentieren hitzig, obwohl wir nicht wirklich wissen, wieso es eigentlich dazu gekommen ist.

Ziemlich klar, dass solche Konflikte nur schwer zu lösen sind. Wenn aber für alle Beteiligten nicht deutlich ist, worum es eigentlich geht, ist es schwierig, eine von allen akzeptierte Lösung zu finden. Deshalb ist es am allerwichtigsten, in einem Konflikt mit einem anderen Menschen deutlich zu machen, was man an dessen Verhalten problematisch findet. Es geht darum, eine gemeinsame Plattform zu finden, von der das Gespräch seinen Ausgang nehmen kann. Das bedeutet natürlich nicht, dass man sich gleich zu Beginn einig ist, es bedeutet aber, dass man sich einig ist, worüber man spricht.

Nehmen wir einmal an, die Lego-Steine deiner Tochter liegen im ganzen Wohnzimmer verstreut. Du magst nicht, wenn es nicht aufgeräumt ist, und du hast außerdem schon häufig gesagt, dass es ganz schön weh tut, wenn man barfuß auf einen Lego-Stein tritt. Deswegen möchtest du, dass sie die Lego-Steine aufräumt. Lass uns außerdem annehmen, dass du möchtest, dass deine Tochter beim Aufräumen versteht, was dir wichtig ist, und dass sie dazu beitragen möchte. Du willst nicht, dass sie aus Angst aufräumt oder sich schämt, weil du sie schlampig findest.

Um nun eine gemeinsame Plattform für das Gespräch mit deiner Tochter zu finden, solltest du deutlich machen, was sie getan hat oder tut und was daran du problematisch findest. Zu hören, dass das eigene Verhalten für jemand anderen problematisch ist, ist selten angenehm. Um zu verhindern, dass das Kind in Abwehrstellung geht oder Schuld- und Schamgefühle hat, ist es wichtig, so wenig anklagend wie möglich zu sein. Am wenigsten anklagend ist man, wenn man einfach sagt, was man beobachtet und wahrnimmt. Wenn du diesem Rat folgst, könntest du zum Beispiel zu deiner Tochter sagen: »Ich sehe, dass deine Lego-Steine im Wohnzimmer liegen.«

Wenn du eine Beobachtung machst, garantiert das keineswegs, dass deine Tochter dir zuhören oder wissen möchte, welche Gefühle und Bedürfnisse du hast. Aber es gibt dir recht gute Chancen. Viel bessere, als wenn du das Gespräch mit einer Verurteilung deiner Tochter leitetest! Vielleicht würdest du dann sagen: »Ich sehe, dass du damit rechnest, dass jemand anderer hinter dir aufräumt!« Oder: »Du verstreust deine ganzen Sachen im Zimmer und denkst nicht an uns andere!« Wer so beginnt, lädt förmlich zum Konflikt ein. Der Fokus des Kindes wechselt dann sofort von den Lego-Steinen auf dem Boden zur Selbstverteidigung, denn es erlebt, dass es angeklagt wird. Das Gleiche passiert, wenn Eltern das Gespräch einleiten und ihrem Kind ein negatives Etikett anheften: »Du bist so schlampig!« Oder: »Du bist wirklich ein Chaot!« Warum sollte ein Kind nach diesem Auftakt den Eltern noch weiter zuhören? Das vermutlich nach diesem Start noch weitere Anklagen kommen, versteht sich fast von selbst.

Einfach nur seine Beobachtungen mitzuteilen klingt so einfach. Die meisten, die es versuchen, stellen schnell fest, dass es ganz schön anstrengend ist. Denn wir Menschen beobachten und deuten, was wir sehen, fast im gleichen Moment. Wir sehen einen Mann, der auf der Straße schwankt, und denken im gleichen Moment, dass er bestimmt betrunken ist. Wir stellen den Abfalleimer an die Haustür, und wenn unser Partner mit einem großen Schritt darüber hinwegsteigt, deuten wir das als: »Ich lebe mit einem Egoisten!« Wir sehen und hören im Supermarkt ein brüllendes Kind und denken: »Das ist aber trotzig!«

Ich mache gern den Vorschlag, dass derjenige, der eine Beobachtung ausdrücken möchte, sich vorstellen sollte, im »Big Brother«-Haus zu wohnen. Dort gibt es Kameras. Sehr viele Kameras. Kameras übersetzen nichts und etikettieren nichts. Sie sehen weder betrunkene Menschen oder egoistische Partner noch trotzige Kinder. Sie registrieren dagegen einen Menschen, der auf der Straße schwankt, eine Person, die über einen Abfalleimer steigt, und ein Kind, das schreit: »Ich will Süßigkeiten!« Hier kommen einige Beispiele dafür, die den Unterschied zwischen Beobachtung, Deutung und Etikett verdeutlichen.

- BEOBACHTUNG: »Du bist um 16 Uhr nach Hause gekommen.«
- DEUTUNG: »Du hast nicht die Zeit eingehalten, die wir festgesetzt haben.«
- ETIKETT: »Dir ist es egal, ob du zu spät kommst.«

- BEOBACHTUNG: »Dein Teller steht auf dem Tisch.«
- DEUTUNG: »Du hast mal wieder nicht abgeräumt.«
- ETIKETT: »Du bist schlampig.«

- BEOBACHTUNG: »Du hast gesagt, du willst keine Kartoffeln.«
- DEUTUNG: »Du bist störrisch beim Essen.«
- ETIKETT: »Du bist wählerisch.«

- BEOBACHTUNG: »Du trägst Handschuhe an den Füßen.«
- DEUTUNG: »Du machst Unsinn.«
- ETIKETT: »Was bist du denn für ein Idiot, das mit den Handschuhen zu machen!«

- BEOBACHTUNG: »Du hast gesagt, deine Schwester habe vorstehende Augen.«
- DEUTUNG: »Du ärgerst deine Schwester.«
- ETIKETT: »Du bist gemein zu deiner Schwester.«

Zusammengefasst: Der erste Schritt, um sich so auszudrücken, dass ein Kind vertrauensvoll zuhört und zu verstehen versucht, ist, Worte für die eigene Wahrnehmung zu finden – ohne Anklage, Kritik, Schuld- oder Schamgefühle.

Schritt 2: Erzählen, was man fühlt

Der nächste Schritt ist, seine Gefühle auszudrücken. Mit Gefühlen meine ich körperliche Wahrnehmungen. Ein Gefühl spürt man nämlich immer auch im Körper. Freude, Irritation, Enttäuschung, Erschrecken, Verwunderung, Unruhe, Hunger oder Müdigkeit – es gibt immer auch körperliche Anzeichen, jedenfalls wenn wir aufmerksam sind. Alle Menschen erleben Gefühle. Wenn ich sage, dass ich froh bin, weißt du, wie es mir geht, oder? Das Gleiche gilt auch für andere Gefühle, wie zum Beispiel Angst, Unruhe, Neugier, Enthusiasmus oder Eifersucht. Weil wir gefühlsmäßig die gleichen Referenzpunkte haben, fällt es uns leichter, uns in das Leben eines anderen Menschen hineinzuversetzen und zu wissen, was dieser fühlt: »Ah, sie ist fröhlich! Ich weiß, wie sich das anfühlt!« Wenn man aber darüber spricht, was im eigenen Kopf passiert, ist es für jemand anderen deutlich schwieriger, dies wiederzuerkennen und einen guten Kontakt aufzubauen. Menschen denken nämlich sehr verschieden. Wenn ich zum Beispiel sage, dass ich etwas verabscheuenswert finde, versteht ein anderer nicht unbedingt, was ich meine. Das Risiko ist, dass sich der Fokus verändert, weg von meinem Erlebnis hin zu einer Bewertung oder einem Infragestellen meines Erlebnisses: »Verabscheuen? Was meint sie denn damit eigentlich, das ist wahrscheinlich ziemlich erschreckend, würde ich sagen …«

Wer gute Kontakte schaffen möchte, dem muss klar sein, es ist wichtiger, Gefühle auszudrücken als Gedanken. Eine ziemlich häufige Fehlannahme in diesem Zusammenhang ist, dass manche glauben, wenn man das Wort »fühlen« verwende, rede man ja über Gefühle. Das ist aber nicht so. »Fühlen« verwendet man nämlich in äußerst unterschiedlichen Zusammenhängen und nicht unbedingt immer für Gefühle. Manchmal beschreibt man damit, was man zu sein glaubt: »Ich fühle mich als wertlose Mutter.« Manchmal beschreiben wir damit, wie ein anderer mit uns umgeht: »Ich fühle mich bedroht.« (»Ich bin der Meinung, dass er mich bedroht hat.«) Man spricht dann von gedachten Gefühlen. Andere Beispiele dafür sind: sich gelangweilt, gekränkt, beiseitegeschoben, infrage gestellt, ignoriert oder missverstanden zu fühlen. Natürlich kann man das Wort »fühlen« auch in diesem

Zusammenhang verwenden, ich möchte nur deutlich machen, dass es für denjenigen, mit dem man spricht, eine empathische Reaktion erschwert. Ich gebe deshalb immer den Tipp, lieber die körperlich wahrnehmbaren Gefühle, die hinter einem Satz wie »Ich fühle mich wertlos« (alleingelassen? verängstigt?) oder »Ich fühle mich verletzt« (enttäuscht? wütend?) zu äußern.

Versuchen wir nun, dies auf unsere Tochter, deren Lego-Steine im Wohnzimmer herumliegen, anzuwenden. Wenn es deine Tochter wäre und du deine Gefühle ausdrücktest, wie würde das klingen? »Ich bin verärgert« oder »Ich bin genervt«? Oder wecken die Steine auf dem Boden ganz andere Gefühle in dir? Egal, welches Gefühl – die Chance, dass deine Tochter versteht, was dir wichtig ist, steigt, wenn du ausdrückst, was du fühlst, und nicht, was du denkst.

Schritt 3: Gefühle und Bedürfnisse in Einklang bringen

Ich stelle mir immer vor, dass die Gefühle eine Art Signalsystem für unser Verhalten sind. Einige Gefühle, zum Beispiel Freude, Enthusiasmus oder Stolz, schicken Signale, dass das dahinterliegende Bedürfnis befriedigt worden ist. Andere, wie zum Beispiel Wut, Enttäuschung, Unruhe oder Scham, machen mich darauf aufmerksam, dass einige Bedürfnisse unberücksichtigt sind.

Wenn man so kommunizieren möchte, dass Empathie geweckt wird, muss man seine Gefühle mit seinen Bedürfnissen in Einklang bringen. Dann sagt man in Sachen Lego-Steine auf dem Boden zu seinem Kind vielleicht so: »Wenn ich deine Lego-Steine auf dem Boden liegen sehe, bin ich ziemlich verärgert, denn ich habe es gerne ordentlich.« Es gibt viele Wege, die eigenen Gefühle mit seinen Bedürfnissen in Einklang zu bringen, statt sie anderen Menschen vorzuwerfen. Man macht es Kindern – und natürlich jedem, mit dem man spricht – leichter, das Gehörte mit der eigenen Empathie in Zusammenhang zu bringen. Es ist leichter, sich vorzustellen, wie andere Menschen sich fühlen und was sie brauchen, wenn man selbst nicht die Verantwortung und Schuld für diese Gefühle und Bedürfnisse vorgeworfen bekommt. Wer mit Anklagen und Kritik konfrontiert ist, kann nicht empathisch zuhören. Die meiste Energie geht dann in die Selbstverteidigung, es kommen Gegenanklagen und Beschuldigungen.

Ein weiterer Vorteil ist, dass man so die Möglichkeit schafft, seine eigenen Bedürfnisse selbst zu befriedigen. Wenn du findest, dass du verärgert darüber bist, weil du mehr Ordnung um dich herum brauchst, kannst du etwas dafür tun. Du kannst natürlich selber aufräumen, du kannst deinen Partner darum bitten, du kannst die Tür zu dem unaufgeräumten Zimmer schließen oder in ein anderes Zimmer gehen. Wenn du aber denkst, dass dich deine Tochter irritiert, bedeutet das, dass du darauf wartest, dass sie ihr Verhalten ändert, damit dein Ärger vergeht. Darauf kann man manchmal ganz schön lange warten.

Der dritte Vorteil ist, dass man Kindern so hilft, einen reichen Bedürfnis-Wortschatz zu entwickeln und anzuwenden. Denn natürlich wollen wir ja, dass unsere Kinder ihre Bedürfnisse ausdrücken können, oder? Dass sie sagen: »Ich sehne mich nach einer Umarmung, Mama!«, statt zu meckern oder in Babysprache zu verfallen. Dass sie sagen: »Ich will jetzt alleine sein!«, statt: »Du darfst nicht in mein Zimmer gehen, du doofe Mama!« Kinder machen es wie die Erwachsenen, das ist eine Weisheit, die wir dauernd erleben. Wer also Kinder möchte, die respektvoll mit ihren eigenen Bedürfnissen und denen anderer umgehen, muss das selber auch tun. Hier sind einige Beispiele dafür, wie es sich anhören kann, wenn Eltern die Verantwortung für ihre Gefühle und Bedürfnisse annehmen, und wie es sich anhört, wenn sie das nicht tun:

Verantwortung für seine Gefühle übernehmen »Wenn du sagst, ich soll selber aufräumen, bin ich traurig, denn ich sehne mich sehr nach mehr Zusammenarbeit.«

Keine Verantwortung für seine Gefühle übernehmen »Dass du mich immer so enttäuschst! Warum kannst du mir beim Aufräumen nicht helfen?«

Verantwortung für seine Gefühle übernehmen »Ich bin ein wenig in Sorge, wenn ich höre, dass du vorhast, mit Lene im Wald zu zelten. Ich will mir sicher sein, dass du nicht in Gefahr gerätst.«

Keine Verantwortung für seine Gefühle übernehmen »Natürlich habe ich Zweifel daran, ob ich dich und Lene zelten lassen soll. Du erzählst ja nichts über deine Pläne!«

Verantwortung für seine Gefühle übernehmen »Wenn du ›Na und?‹ sagst und in ein anderes Zimmer gehst, während ich mit dir rede, bin ich gleichzeitig irritiert und traurig. Ich möchte gern verstanden werden.«

Keine Verantwortung für seine Gefühle übernehmen »Wenn du ›Na und?‹ sagst und in ein anderes Zimmer gehst, während ich mit dir rede, machst du mich ärgerlich und traurig zugleich. Ich möchte, dass du mir jetzt zuhörst!«

Schritt 4: Ein Ziel benennen

Kinder können, genau wie wir Erwachsenen, keine Gedanken lesen. Deshalb reicht es nicht, wenn wir nur beschreiben, was wir beobachten – und dann müssen wir nur darauf warten, dass das Kind tut, was wir wollen. Ich erinnere mich an eine Situation, in der mir alles klar schien. Ich saß am Küchentisch und las, die Kinder spielten, nach meinem Eindruck, sehr laut direkt neben mir. Ich sagte: »Hört mal, ich bin irritiert, wenn ihr so laut hier in der Küche schreit. Ich brauche Ruhe und Schweigen um mich herum.« Ich hoffte, Selbiges werde sich mit diesem Satz einstellen, die Kinder entweder leiser werden oder in einen anderen Raum gehen. Mein Sohn aber hatte eine ganz andere Idee und holte mir Ohrstöpsel. Wenn man will, dass Kinder besser verstehen, was man von ihnen will, und deshalb auch eher tun, was man von ihnen will, kann es also ziemlich klug sein, nicht nur auszudrücken, welche Gefühle und Bedürfnisse man gerade hat, sondern auch, welches spezielle Ziel man hat.

Seine Ziele klarzumachen ist noch aus einem anderen Grund wichtig: Es verringert die Gefahr, dass Kinder wegen ihres Handelns Schuldgefühle haben. Nehmen wir an, ein Elternteil sagt zu einem Kind: »Wenn ich dich vor dem Fernseher sehe, irritiert mich das, denn ich würde gern mehr Zusammenarbeit in dieser Familie sehen.« Dem Kind wird verdeutlicht, dass es etwas tut, was die Eltern nicht schätzen. Es bleibt aber unklar, was die Eltern stattdessen eigentlich erwarten. Das ist eine Art Schuldfalle, aus der ein Kind nicht herauskommt. Deshalb ist es im vierten Schritt so wichtig, immer auch ein Ziel zu formulieren. Ziele können von zweierlei Art sein: Wir können ein Kind ohne spezielle Handlung um etwas bitten. Dem Kind, dessen Lego-Steine im Wohnzimmer liegen, könnte man beispielsweise sagen: »Ich möchte, dass du all deine Lego-Steine einsammelst und in die grüne Kiste legst. Könntest du das jetzt bitte machen?« Wir könnten aber auch ein Ziel ausdrücken und mit dem verbinden, was wir gesagt haben. Dann spricht man von einem kontaktgerichteten Ziel. Das Ziel ist dann, besseren Kontakt herzustellen und miteinander zu sprechen. Wenn dies das Ziel der Eltern des Kindes mit den Lego-Steinen ist, könnte man sagen: »Ich würde gern mit dir darüber sprechen, wie wir im Wohnzimmer ein bisschen ordentlicher sein können. Könnten wir jetzt darüber sprechen?«

In meinen Elternkursen trainiere ich mit Eltern, ihre Ziele klar zu formulieren. Manche sind über diese Übungen ziemlich erstaunt: »Wie schwer soll es denn sein, das zu sagen, was man haben will?« Ziemlich schwer, ist die allgemeine Auffassung nach einiger Zeit des Trainierens. Vor allem an drei Punkte sollte man dabei denken:

Sag dem Kind, was du von ihm willst und was es tun soll. Manche Eltern sprechen gern darüber, was sie nicht wollen: »Hör auf zu schreien!«, »Hör auf, Quatsch zu machen!« oder »Ich habe dir doch gesagt, du sollst deine Kleider nicht im Flur rumliegen lassen!« Das Problem mit diesen Ermahnungen ist, dass sie sehr wenig Auskunft darüber geben, was nun eigentlich das erwünschte Verhalten ist. Schreien soll man nicht, was stattdessen? Flüstern? Singen? Schweigen? Und wie lange soll man das machen? Eine Minute? Für den Rest des Tages? Das ganze Leben lang? Und wo gilt das dann? In der Küche? Oder im ganzen Haus? Draußen auch?

Einmal übten wir im Elternkurs, welche Probleme sich aus negativen Zielen ergeben. 25 Leute saßen im Kreis. Einer musste den Raum verlassen, die anderen sollten sich einigen, worum wir ihn bitten wollten, wenn er wieder hereinkam. Wir beschlossen, er solle auf einem Bein stehen und mit den Armen wedeln. Die Krux war, dass wir nur das sagen konnten, was wir alles nicht wollten: »Leg dich nicht hin!«, »Setz dich nicht hin!«, »Nicht die Arme stillhalten!« Es dauerte mehr als zehn Minuten, bis er verstanden hatte, was wir von ihm wollten. Zehn Minuten voller Frustration für ihn und uns. Das hätten wir uns ersparen können, wenn wir ihn einfach darum gebeten hätten, das zu tun, was wir wollten.

Sei deutlich in dem, was du willst. Es ist wichtig, das, worum man ein Kind bitten möchte, klar zu formulieren. Diffuse oder doppeldeutige Formulierungen sollte man vermeiden. Auch das klingt ziemlich selbstverständlich, wer sich aber mal einen Tag lang selber zuhört, wird rasch merken, dass einem immer wieder unklare Formulierungen dazwischenrutschen, etwa: »Pass auf!«, »Beruhige dich!« oder »Sei nett zu deinem Bruder.« Manchmal hängen diese Unklarheiten sicher damit zusammen, dass wir davon ausgehen, das Kind wird schon verstehen, was wir meinen. Manchmal wissen wir aber vielleicht selber nicht so genau, was wir meinen, hoffen aber dennoch darauf, dass das Kind uns schon versteht. Und dann gibt es auch Situationen, in denen wir uns für das schämen, was wir wollen, und hoffen, das Kind versteht das, ohne dass wir es direkt aussprechen müssen. Ich begegnete einmal einer Mutter, die im Aufruhr darüber war, dass ihr Sohn ihr »nicht zuhörte«. Sie ermahnte ihn oft, zuzuhören, fand aber, dass es kein Resultat gab.

– »Ich bin mir nicht sicher, ob deinem Sohn klar ist, was du von ihm willst, wenn du ihn bittest, dir zuzuhören.«
– »Aber das ist doch nicht schwer zu verstehen? Es geht doch nur darum, die Ohren aufzusperren!«
– »Wenn er also hört, was du sagst, dann bist du zufrieden?«

- »Naja, er muss es natürlich auch ernst nehmen …«
- »Und was bedeutet das?«
- »Ich würde meinen, es heißt, er soll machen, was ich ihm sage … ohne Genöle.«
- »Wenn du also zu ihm sagst, er solle dir zuhören, meinst du eigentlich, sei still, wenn ich mit dir rede, und mache dann genau das, was ich dir gesagt habe, ohne das zu kritisieren?«
- »Ja, aber so kann ich das ja nicht sagen. Das klingt ja gemeingefährlich …«

Gehe davon aus, dass es immer andere Lösungen gibt. Für die meisten Eltern ist das die größte Herausforderung von allen. Wir glauben felsenfest daran, dass unsere eigene Lösung die richtige und beste ist. So kann es durchaus sein, ich wage aber zu behaupten, so ist es bei Weitem nicht so oft, wie wir gern glauben möchten. Wenn das passiert, verändert sich unser Ziel in eine Forderung – wenn du nur ein Ja auf deine Anforderung akzeptieren kannst, handelt es sich um ein Forderung, völlig egal, in welche Worte du das kleidest. Das Problem damit ist, dass es heftig dazu beiträgt, den Kontakt eines Kindes zu seinem Empathievermögen zu reduzieren. Das Erleben von Zwang weckt meistens zwei Reaktionen: Widerstand oder Gehorsam. Der Effekt ist langanhaltend. Mit je mehr Forderungen ein Kind konfrontiert wird, desto größer ist das Risiko, dass es zukünftig jedes Ziel als Forderung interpretieren wird und zwischen Widerstand und Unterwerfung wählt, statt mit Empathie zu reagieren.

Zusammenfassung

Jetzt habe ich beschrieben, wie man als Eltern sprechen kann, um es Kindern zu erleichtern, empathisch zuzuhören. Eltern, denen viel an Ordnung liegt und die es nicht mögen, wenn die Lego-Steine ihrer Tochter im Wohnzimmer verstreut liegen, können erzählen, was sie beobachten, fühlen und brauchen, und welches Ziel sie haben:

- »Wenn ich deine Lego-Steine auf dem Boden liegen sehe (= Beobachtung), bin ich irritiert (= Gefühl), weil ich es gern ordentlich habe (= Bedürfnis). Ich möchte, dass du deine Lego-Steine aufhebst und in den grünen Korb legst. Bist du bereit, das jetzt zu tun (= Ziel)?«

Jetzt kommen weitere Beispiele dafür, wie man sich als Eltern in ganz unterschiedlichen Situationen ausdrücken kann, und es Kindern so leichter macht, mit ihrem empathischen Vermögen Kontakt zu haben. Die Situationen (S. 98) sind die, die ich bereits beschrieben habe. Bitte denke aber immer daran: Die Worte allein bewirken kein Wunder! Eine Grundvoraussetzung ist, dass der Sprechende wirklich Kontakt schaffen möchte und offen dafür ist, dass es mehr als nur eine Lösung gibt. Wenn Eltern davon überzeugt sind, dass ihre eigene Lösung die allerbeste und einzig denkbare ist, sind die Voraussetzungen für einen wertschätzenden, respektvollen Umgang miteinander bedeutend schlechter.

- »Wenn du ›Idiotin‹ zu deiner Schwester sagst (= Beobachtung), bin ich traurig (= Gefühl). Für mich sind Respekt und Fürsorge wichtig (= Bedürfnis). Willst du mir sagen, wie du das siehst (= Ziel)?«
- »Wenn du sagst, dass du dich weigerst, den Fahrradhelm aufzusetzen (= Beobachtung), habe ich Angst und mache mir Sorgen (= Gefühl). Ich habe dich so lieb und möchte, dass du sicher bist, wenn du Fahrrad fährst (= Bedürfnis). Ich würde gern wissen, wie es dir geht, wenn ich das sage (= Ziel)?«
- »Jetzt fragst du mich zum vierten Mal etwas, während ich telefoniere (= Beobachtung). Das macht mich ärgerlich (= Gefühl). Mir liegt nämlich viel am Kontakt mit meiner Freundin (= Bedürfnis). Könntest du für fünf Minuten in ein anderes Zimmer gehen (= Ziel)?«

Wenn das Kind tut, worum du es bittest

Lass uns annehmen, das Mädchen sammelt seine Lego-Steine ein und legt sie in den grünen Korb, wie die Eltern in meinem Beispiel es gebeten hatten. Was geht in dem Mädchen vor, das auf einmal etwas tut, was es vorher nicht getan hat? Natürlich könnten die Worte der Eltern Angst, Schuld- oder Schamgefühle wecken, auch wenn das gar nicht die Absicht war – und das Kind reagiert deshalb so. Mit diesem Risiko sollte man immer rechnen. Wahrscheinlicher aber ist, dass sich seine Bedürfnisse verändern. Das Bedürfnis zu spielen (wenn es gerade enthusiastisch mit den Lego-Steinen gespielt hat) oder das Bedürfnis, sich zu entspannen (wenn es vielleicht fernsieht), wird plötzlich überlagert von dem Wunsch oder dem eigenen Bedürfnis, zur Ordnung etwas beizutragen.

Eine Mutter erzählte mir einmal, wie sie selbst solch einen Bedürfniswechsel gespürt hatte. Es war Abend, sie saß vor dem Fernseher, müde nach einem anstrengenden Tag. Ihr Sohn war schon bettfertig und sie sehnte sich nach einer Stunde Ruhe und Abschalten, bevor sie selbst zu Bett gehen wollte. Deshalb war sie äußerst irritiert, als ihr Sohn nach fünf Minuten rief, er wolle etwas zu trinken. Natürlich musste er dann kurz darauf auf die Toilette und rief, er wolle nicht alleine gehen. Kurze Zeit später war das Schmusetier unauffindbar und die Mama musste das Licht anmachen, um danach zu suchen. Inzwischen war sie nicht nur irritiert, sondern frustriert und wütend. Sie wollte endlich ihre Ruhe haben! Sie brauchte schließlich Ruhe und Entspannung. Als ihr Sohn erneut ins Wohnzimmer kam, hob sie ihn hoch und trug ihn schnellen Schrittes in sein Zimmer hinüber. Der Sohn schniefte, klammerte sich fest an ihr und flüsterte ihr ins Ohr: »Ich will dich ja nur lieb haben, Mama!« Mit einem Mal fühlte sie sich ganz anders. »Es war, als wäre in mir drin ein Schalter umgelegt worden«, erzählte sie. »Fernsehen war auf einmal gar nicht mehr wichtig, auf einmal wollte ich nur noch mit meinem Sohn zusammen sein, neben ihm liegen und kuscheln.«

Ich erinnere mich gut daran, wie ich das erste Mal spürte, dass meine Bedürfnisse sich veränderten (natürlich war das auch schon früher vorgekommen, aber da hatte ich noch nicht so darüber nachgedacht). Ich war in der Küche und kochte. Die Kinder waren am Küchentisch mit einem großen Bastelprojekt beschäftigt. Perlen, Papier, Pinzetten, Kleber, Tesafilm und noch viel mehr Material lag ausgebreitet um sie herum. Als ich sie bat, ihre Sachen wegzuräumen, damit wir essen konnten, antwortete mein Sohn: »Aber Mama! Wir wollen nicht aufräumen, wir machen gerade etwas Supertolles, ich und meine Schwester.« Da es nicht allzu lange her war, dass ich in einem Kurs gelernt hatte, auch auf das zwischen den Zeilen Gesagte zu achten, hörte ich, dass meine Kinder das Bedürfnis nach Gemeinschaft, Kreativität und Spiel hatten (früher hätte ich sicher gedacht, die Kinder seien einfach zu faul zum Aufräumen und dass es mal wieder typisch sei, dass ich hinter ihnen her aufräumen sollte). Als mir ihr wirkliches Bedürfnis klar wurde, machte es »klick«, und ich wollte, dass beide sich weiter mit ihrer Bastelei beschäftigten. Also schlug ich vor, wir könnten eine Decke auf den Boden legen und ein Picknick machen.

War ich nun irgendwie enttäuscht? Hatte ich nicht die Bedürfnisse der Kinder vor meine eigenen gestellt? Nein. Mein Bedürfnis hatte sich verändert. Ich verstand, dass Gemeinschaft, Kreativität und Spiel auch für mich wichtig waren und dass ich gern dazu beitragen wollte, dass die Kinder das erlebten, indem sie ihre Bastelei auf dem Tisch lassen konnten. Enttäuscht wäre ich gewesen, wenn sich mein Bedürfnis nicht verändert hätte, wenn ich seufzend eine Decke auf den Boden gelegt hätte und gedacht hätte, das sei mal wieder typisch für meine Kinder, ihren Willen auf meine Kosten durchzusetzen.

So ein Wechsel geschieht, wenn man in Kontakt mit anderen Menschen kommt und deren Bedürfnisse selbst verspürt. Das weckt unseren natürlichen Wunsch, diese Bedürfnisse zu befriedigen. So, wie sich die Bedürfnisse von Müttern und Vätern verändern können, wenn sie die Bedürfnisse ihrer Kinder spüren, können natürlich auch Kinder ihre Bedürfnisse verändern, wenn sie die Bedürfnisse ihrer Eltern spüren. Aber, ich schrieb das schon – Gedankenleser sind Kinder nicht! Deswegen können Eltern es ihnen leichter machen, Bedürfnisse zu erspüren, indem sie diese aussprechen. Einmal bat ich meine Tochter darum, die Lautstärke am Fernseher zu reduzieren. »Nein, will ich nicht!«, war die Antwort. »Ich bitte dich darum, weil Papa schläft und ich gern hätte, dass er ungestört schlafen kann«, sagte ich und stellte ihr dann eine Frage: »Wie denkst du darüber, Schatz?« Sie nahm die Fernbedienung und sagte: »Na, das hättest du ja gleich sagen können!« Ich übersetze das so: Als ihr klar wurde, was der Grund meiner Bitte war, wurde diese Bitte auch für sie bedeutungsvoll und wichtig. Genauso geht es auch dem Kind in meinem Beispiel mit den Lego-Steinen. Wenn es tut, worum die Eltern es bitten, ist dies ein deutliches Anzeichen dafür, dass sich seine Bedürfnisse verändert haben. Es hat gespürt, dass es dazu beitragen möchte, dass der Wunsch seiner Eltern nach Ordnung erfüllt wird und dass Ordnung etwas ist, was es selber auch ziemlich gut findet.

Wenn das Kind Nein sagt

»Ja – und wenn ich nun sage: ›Ich möchte gern, dass du die Lego-Steine in den Korb legst‹, und es antwortet, dass es nicht will. Was mache ich dann?« Normalerweise kommt diese Frage wie aus der Pistole geschossen, wenn ich mit Eltern über das respektvoll-ehrliche Miteinandersprechen rede. Manche Eltern sind besorgt, wenn sie etwas sagen sollen wie »Ich will«. Wenn das Kind mit »Ich will nicht« antwortet, steht doch Wille gegen Wille! Und welcher Wille entscheidet dann? Deswegen benutzen sie lieber Worte wie »müssen«, »brauchen«, »geht nicht«, »kann nicht« oder »klappt nicht«. Einige Eltern erzählen, wie diese Worte ihrem Wunsch Nachdruck verleihen. Es ist dann nicht nur der eigene Wille gegen den des Kindes, denn das, was »man« muss, braucht, nicht tut, kann, schafft oder nicht schafft, hat gewissermaßen die Wirklichkeit auf seiner Seite und gibt einem damit einen Vorteil in der Verhandlung.

Ehrlich gesagt bin ich über diese Argumentation jedes Mal aufs Neue erstaunt. Es ist ja fast, als ob manche Eltern nicht darauf vertrauten, dass ihre Bedürfnisse und Ziele für ihre Kinder wertvoll sind. Stattdessen glauben sie, ihre Kinder mit Hilfe solcher Generalaussagen über das wirkliche Leben überzeugen zu müssen (was man tut und was man nicht tut, was man braucht und was nicht usw.). Aber für Kinder ist es ja genau andersherum. Sie interessieren sich viel, viel stärker für das, was ihren Eltern wichtig ist, als für das, was »man« für richtig und falsch hält.

Ja, es stimmt – Eltern, die »Ich will« sagen, machen es ihren Kindern leichter, »Ich will nicht« zu sagen. Vorausgesetzt, man will Kinder, die eher aus Mitgefühl, als aus Angst, Schuld und Scham handeln, sehe ich darin aber kein Problem. Im Gegenteil. Wer nicht frei genug ist, Nein zu sagen, kann auch nicht aus voller Überzeugung Ja sagen. Schau in dich selbst hinein! Wenn dein Partner dich darum bittet, heute allein einzukaufen, und du weißt, ein Nein würde für ziemlichen Ärger sorgen oder mindestens für Irritation und viele Seufzer – fühlst du dich dann genauso, wie wenn du wüsstest, dass dein Nein mit Respekt aufgenommen wird?

Es bleibt die Frage, was man als Eltern sagt, wenn Kinder Nein sagen zu dem Ziel, das man formuliert hat. Muss man sein Ziel dann aufgeben? Kurze Antwort: Nein. Muss man wirklich nicht.

Aber wie dann? Es geht darum, wie man ein Nein respektieren kann, ohne dabei seine eigenen Bedürfnisse zu ignorieren. Das Erste, was du immer bedenken solltest: Hinter jedem Nein steckt ein Bedürfnis. So wie das Ziel der Eltern geht auch das Nein des Kindes von einem Bedürfnis aus. Wenn man zu einer von beiden Seiten respektierten Lösung kommen will, müssen Eltern daher bereit dazu sein, auf die Bedürfnisse ihres Kindes zu hören und sie zu beachten.

Kehren wir noch einmal zu dem Lego-Stein-Beispiel zurück. Wenn das Kind auf den Wunsch der Eltern, jetzt aufzuräumen, mit Nein antwortet, sollten die Eltern als Erstes zu verstehen versuchen, was hinter dem Nein steckt. Fähigkeiten im empathischen Zuhören sind dabei sehr hilfreich, denn Kinder äußern selten ihr wirkliches Bedürfnis. Genervte Kinder sagen stattdessen: »Och nee! Wieso muss ich immer aufräumen? Ich bin total müde. Ich will auf der Couch liegen und fernsehen!« Eltern, die auch zwischen den Zeilen hören, spüren, es gibt das Bedürfnis nach Erholung, und antworten dann vielleicht: »Ah, ist es jetzt wichtig für dich, dich auszuruhen?« Das Kind nickt zufrieden und sagt: »Genau. Ich muss mich jetzt ausruhen.«

Wenn den Eltern klar ist, welches Bedürfnis ihr Kind hat, können zwei Dinge geschehen. Entweder verschiebt sich das Bedürfnis der Eltern – sie spüren, dass das Erholungsbedürfnis ihres Kindes wichtiger ist als die Ordnung –, oder ihr Bedürfnis nach Ordnung hat weiter Priorität. Letzteres kann sich anfühlen wie eine Sackgasse, in der Bedürfnis gegen Bedürfnis steht. Die Eltern wollen Ordnung, das Kind seine Ruhe. Aber es sind gar nicht die Bedürfnisse, die im Widerstreit miteinander liegen, sondern die Strategien, die Eltern und Kind anwenden. Die Eltern wollen, dass das Kind die Lego-Steine sofort aufräumt. Das Kind will aber lieber fernsehen. Will man beiden Bedürfnissen gerecht werden, muss man die Strategie aufgeben, die in die Konfrontation führt, und nach einer neuen, von beiden akzeptierten Lösung suchen. Wenn man dazu bereit ist, kann sich die Unterhaltung vielleicht so weiterentwickeln: »Okay. Das verstehe ich, dass du dich jetzt ausruhen willst. Und doch ist es für mich wichtig, dass es hier wieder ordentlich aussieht. Hast du eine Idee, wie wir es machen könnten, damit es für dich und mich gut ist?«

Oft ist genau diese Frage der Beginn einer Lösung. Sie zeigt nämlich, dass es den Eltern wichtig ist, die Bedürfnisse ihres Kindes so wichtig zu nehmen wie die eigenen. Wenn es also eine grundsätzliche respektvolle, wertschätzende Beziehung zwischen Eltern und Kind gibt, wird ein Kind mit größter Wahrscheinlichkeit zu einer gemeinsamen Konfliktlösung beitragen wollen, indem es Strategien vorschlägt, die beide akzeptieren können:

- »Ich könnte alle Lego-Steine in eine Ecke zusammenschieben.«
- »Ich kann alle Steine aufheben, die rumliegen, aber mein Gebäude soll stehen bleiben!«
- »Ich räume auf, wenn die Sendung vorbei ist.«

Natürlich können auch die Eltern eine andere Strategie vorschlagen, die für beide taugt. Wenn sich beide Seiten auf eine gegenseitig akzeptierte Lösung geeinigt haben, ist der Konflikt gelöst. Sprechen wir über die Gedanken, die Eltern oft haben, wenn es um eine respektvolle Konfliktlösung geht. Bevor ich das tue, möchte ich aber gern noch etwas mehr Klarheit schaffen, wie man das Modell in typischen Familiensituationen anwenden kann. Stell dir vor, du hast ein 12-jähriges Kind. In deiner Familie gibt es eigentlich immer um sechs Uhr Abendbrot. In der letzten Zeit ist dein Kind aber selten um diese Zeit zu Hause gewesen, sondern meist erst um viertel nach sechs. Du möchtest deine eigenen Bedürfnisse und dein Ziel gern ausdrücken und sagst vielleicht:

- »Mir ist aufgefallen, dass du die letzten 3 Tage immer um viertel nach sechs nach Hause gekommen bist. Wir essen aber immer um sechs Uhr (= Beobachtung). Ich bin enttäuscht (= Gefühl), weil mir viel an Gemeinschaft liegt und daran, dass wir uns zum Essen treffen und miteinander sprechen (= Bedürfnis). Deshalb möchte ich dich gern fragen, ob du morgen einen früheren Bus nehmen kannst (= Ziel)?«

Vielleicht wecken diese Worte etwas in dem Kind, und sein Bedürfnis verändert sich – »Ach so, ja, ich finde es auch prima wenn wir alle zusammen essen!« – und es antwortet, dass es natürlich auch den früheren Bus nehmen könne. Vielleicht ändert sich aber auch nichts und es antwortet: »Echt jetzt! Dann muss ich ja allein fahren. Alle anderen nehmen den Bus um halb sechs!«

Wenn du einen empathischen Kontakt zu deinem Kind haben willst und nicht nur einforderst, dass es Punkt sechs Uhr beim Abendessen sitzt, egal, was es davon hält, musst du jetzt deinen Fokus verändern und herauszufinden versuchen, was deinem Kind wichtig ist. Stelle eine Vermutung an und frage: »Ist es wichtig für dich, mit deinen Freunden zusammen den Bus zu nehmen?«

Bestätigt das Kind diese Vermutung, ist der nächste Schritt, deutlich zu machen, wie viel dir an einer gemeinsamen Lösung liegt. »Okay, das verstehe ich gut. Für mich ist es aber auch wichtig, dass wir gemeinsame Familienzeit haben. Hast du Lust, mit mir zu überlegen, wie wir beides unter einen Hut kriegen können?«

Wenn man sich auf das wirkliche Bedürfnis konzentriert, finden sich auf einmal unzählige Lösungsmöglichkeiten. Das Essen auf viertel nach sechs verschieben. Einen früheren Bus nehmen und die Freunde nach dem Essen treffen. Den Gedanken an eine gemeinsame Mahlzeit aufgeben und stattdessen etwas später einen Tee zusammen trinken. Wenn man aber daran festhält, dass es nur eine Lösung gibt, ist das Risiko groß, dass keiner bekommt, was er braucht.

Gedanken über die wertschätzende Konfliktlösung

Mein Kind kümmert sich nur um seine eigenen Bedürfnisse

Ein wertschätzender Umgang mit Konflikten bedeutet, dass die beteiligten Personen bereit sind, Lösungen zu finden, die gut für beide Seiten sind. Bei manchen Eltern weckt das Unruhe, weil sie der Meinung sind, ihre Kinder kümmerten sich ohnehin am meisten um ihre eigenen Bedürfnisse. »Ja, aber was macht man, wenn Kinder einen Dreck darauf geben, was die Bedürfnisse der Eltern sind und nur an sich selber denken?«, wundern sie sich. Ich finde, das ist eine ziemlich symptomatische Frage für heutige Eltern, die sich oft deutlich mehr darauf konzentrieren, Lösungen zu finden, als verstehen zu wollen.

Ich schlage vor, dass man es genau andersherum macht: Versuche erst, zu verstehen, woher das Problem eigentlich kommt. Was führt denn dazu, dass ein Kind sich nur um seine eigenen Bedürfnisse kümmern will? Ich wage zu behaupten, dass die Antwort auf diese Frage ziemlich selten mangelnde Empathie auf Seiten des Kindes ist (was eine der üblichen Interpretationen ist). Stattdessen glaube ich, dass es zwei andere weitverbreitete Ursachen dafür gibt, wenn Kinder keine Rücksicht auf die Bedürfnisse der anderen Familienmitglieder nehmen. Einmal könnte es sein, dass Kinder den Eindruck haben, ihre Eltern nähmen ihre Anliegen nicht wirklich ernst. Sogar dann, wenn die Fragen der Eltern sehr freundlich klingen – »Wie machen wir es denn, dass es für uns beide gut wird?« –, haben die Kinder vielleicht in anderen Situationen erlebt, dass die Eltern sich selbst an erste Stelle setzen. Warum also sollten sie ihnen jetzt glauben? Im Versuch, eine weitere Enttäuschung zu vermeiden oder verletzt zu werden, entscheiden Kinder sich dann dafür, lieber nicht zu einer gemeinsamen und gleichwertigen Konfliktlösung beizutragen.

Dann könnte es sein, dass die Kinder zu wenig Erfahrung darin haben, Rücksicht auf die Bedürfnisse ihrer Eltern zu nehmen. Vielleicht, weil die Eltern ihre eigenen Bedürfnisse nicht artikulieren oder sie hintanstellen, wenn sie keine Lösung sehen, die für alle akzeptabel ist. Ein Kind, das wieder und wieder und in sehr verschiedenen Situationen erlebt, dass die eigenen Bedürfnisse weniger schwer wiegen als die der Eltern, könnte bald davon überzeugt sein, dass es so richtig ist und eben auf diese Weise gemacht wird.

Vor diesem Hintergrund wird deutlich, warum manche Kinder sich nur um ihre eigenen Bedürfnisse kümmern und wieso eine gleichwertige Konfliktlösung zwischen Eltern und Kindern nicht funktioniert.

Gleichwertige Konfliktlösung erfordert gleichwertige Beziehungen.

Wenn eine Seite nicht bereit oder nicht interessiert ist, zu einer gleichwertigen Konfliktlösung beizutragen, steht man vor der Wahl: Man kann entweder den Gedanken an Gleichwertigkeit aufgeben und stattdessen Machtmittel einsetzen oder man kann versuchen, gleichwertige Beziehungen (wieder)herzustellen und so eine stabile Basis für gleichwertige Konfliktlösungen zu schaffen.

Wenn Eltern mich um Rat fragen, weil ihnen keine gleichwertige Konfliktlösung mit ihren Kindern gelingt, beginnen wir immer damit, den Fokus zu verändern – wir schauen nicht auf die Möglichkeiten der Konfliktlösung, sondern auf die gesamte Beziehung. Wie sieht es aus in der Familie, wenn es um gegenseitigen Respekt geht (Dein Kind – ein anderes Du, S. 26)? Interesse (Gemeinschaft und Interesse im Alltag, S. 40)? Empathie (Die wichtige Warum-Frage, S. 51, und Zuhören – ohne zu kritisieren oder infrage zu stellen, S. 64)? Respektvolle Ehrlichkeit (Sprechen – ohne Kränkung, Drohung oder Beste-chung, S. 95)? Wenn ein Familienleben davon geprägt ist, ist eine gleichwertige Konfliktlösung fast die natürliche Folge.

Viel zu viele Worte

Beobachtungen, Gefühle, Bedürfnisse und Ziele – manche Eltern ha-ben den Eindruck, das seien viel zu viele Worte, als dass Kinder darauf hören könnten. Ich frage Eltern dann, wie viele Worte sie eigentlich brauchen, um Kinder zu ermahnen, dass sie aufräumen, pünktlich sind, sich anziehen und all das tun, was wir Erwachsene von ihnen wollen. Den meisten Eltern, die ihr übliches Sprechen mit Kindern aufmerksam reflektieren, wird klar, dass sie mindestens so viele Wor-te benutzen, oft sogar sehr viele mehr.

Eltern haben nämlich oft eine Tendenz, sich zu wiederholen. Zunächst sagt man einmal, dass es jetzt Zeit sei, sich anzuziehen. Dann sagt man es noch mal und dann fügt man noch hinzu: »... sonst kommen wir ja zu spät in den Kindergarten«. Wenn nichts passiert, wird der Ton harscher und eine weitere Ermahnung wird hinzugefügt. Wenn das Kind angezogen ist, folgt meistens noch so etwas wie eine Art »Nachgespräch«. »Liebling, so können wir das nicht machen! Wenn ich morgens zu dir sage, du sollst kommen, dann musst du auch kommen. Verstehst du das? Kannst du mir versprechen, dass du morgen sofort kommst?«

Worte, Worte, Worte! Aber das Kind hört sie gar nicht. Er verschließt seine Ohren schon bei der ersten Ermahnung, denn diese Worte be-rühren nicht. Es ist eben immer nur dasselbe Gerede, ein ums andere Mal. Wenn Eltern sich hingegen mit respektvoller Ehrlichkeit ausdrü-cken und ihre Gefühle und Bedürfnisse deutlich machen, berühren diese Worte. Die Eltern erzählen von sich selbst. Kinder mögen das! Das schafft völlig andere Voraussetzungen für Kontakt und Gespräch, als wenn Eltern immer nur davon sprechen, was Kinder sollen, müs-sen oder dürfen.

Dafür hat man doch gar keine Zeit

»Also wirklich! Wer hat denn dafür Zeit, über meine und deine Bedürfnisse und gemeinsame Lösungen zu sprechen? Morgens habe ich
genau drei Minuten, um die ganze Familie aus dem Haus zu bekommen!« Die meisten von uns kennen dieses Problem sicher. Ein Leben
mit Kindern steht eigentlich immer unter Zeitdruck. Und trotzdem
finde ich, dass dies ein ziemlich schwaches Argument gegen eine
gleichwertige Konfliktlösung ist. Es geht darum, sich Zeit zu nehmen
und einem Kind zu sagen, was man selber mag und was einem wichtig ist. Es geht darum zu spüren, was dem Kind wichtig ist. Wenn man
dafür keine Zeit hat, sollte man sehr grundsätzlich darüber nachdenken, wofür im Leben man eigentlich Zeit hat.

Ich bezweifle übrigens, dass eine gleichwertige Konfliktlösung wirklich so viel Zeit braucht. Ich glaube, dass es genau andersherum ist,
dass man nämlich Zeit gewinnt, wenn man Rücksicht nimmt auf die
Bedürfnisse aller Familienmitglieder. Wer erfährt, dass seine eigenen
Bedürfnisse ernst genommen werden, entscheidet sich auch zur Zusammenarbeit. Wer allerdings befürchtet, dass er eher abgestraft
wird, zieht lieber in den Kampf und stellt jeden Lösungsvorschlag infrage. Das braucht Zeit. Die Zeit, die man verliert, wenn man miteinander spricht, gewinnt man, weil die Auseinandersetzungen weniger
heftig und viel kürzer sind.

Viele Konflikte lassen sich auch außerhalb des eigentlichen Konfliktes
lösen. Wenn man zum Beispiel ein Problem mit der morgendlichen
Routine hat, weil die Kinder lieber noch herumtrödeln, die Eltern es
aber eilig haben, zur Arbeit zu gelangen, kann ein sinnvolles Gespräch
schwierig sein, weil alle in Unruhe sind. Es kann viel sinnvoller sein,
abends darüber zu sprechen, vielleicht beim Abendessen oder beim
Zubettgehen, wenn die Stimmung gut ist und man wirklich Zeit zum
Zuhören und Miteinandersprechen hat. Die Voraussetzungen für eine
gegenseitig akzeptierte Lösung sind dann deutlich besser.

Manchmal müssen Kinder einfach zuhören

»Wenn dein Kind auf die Straße rennt,
fängst du dann an, mit ihm zu argumentieren?
›Kleiner Schatz, ich verstehe, dass du jetzt rennen
willst, aber Mama hat jetzt Angst um dich,
verstehst du das? Es wäre also besser, wenn du hier
auf dem Bürgersteig bleibst!‹ Machst du das so?«

Ungefähr so formulierte es der Journalist Robert Aschberg einmal in einem Interview mit mir. Er hat ein großes Talent, Dinge zuzuspitzen. Die Grundfrage – gibt es Situationen, in denen Eltern eingreifen müssen, ohne dass das Kind gefragt wird? – wird mir oft gestellt.

Selbstverständlich gibt es Situationen, in denen Eltern all ihren Einfluss und ihre ganze Kraft einsetzen müssen, damit Kinder etwas tun oder eben nicht tun. Das sind meist Situationen, in denen wir unsere Kinder schützen müssen, zum Beispiel davor, einen Verkehrsunfall zu erleiden, oder auch Situationen, in denen wir sie vor dem Verhalten anderer Menschen warnen müssen.

Ich erinnere mich an eine Situation, als mein Sohn ungefähr sieben Jahre alt war und Fieber hatte. Ich wollte meine Tochter aus der KiTa abholen und beschloss, es sei besser, meinen Sohn eine Weile allein zu lassen, als ihn mitzunehmen. Ich ging davon aus, dass meine Tochter gleich mit mir mitkommen würde, wenn ich sie darum bäte, aber das wollte sie ganz und gar nicht. Sie wollte noch weiter Theater spielen, weil sie und ihre Freundin gerade damit begonnen hatten. Ich versuchte, ihr zu erklären, warum ich wollte, dass sie gleich mit mir nach Hause ging. Aber ich kam nicht an sie ran. In dieser Situation war es eine sehr einfache Entscheidung, ich schnappte sie mir und ging mit ihr nach Hause. Schnell zu meinem kranken Kind nach Hause zu kommen war wichtiger, als eine Lösung zu finden, die sowohl meine Tochter als auch ich akzeptieren konnten. Im Nachhinein ist es natürlich einfach, zu sehen, wie ich den Konflikt hätte vermeiden können. Ich hätte die Schule anrufen und darum bitten können, dass man meiner Tochter sagt, dass ich früher komme, aber so logisch war ich eben erst danach drauf.

Ich bin sicher, auch du kannst dir sehr viele Situationen vorstellen, in denen du dein eigenes Bedürfnis befriedigen möchtest, ohne zunächst an andere Beteiligte zu denken. In diesen Situationen ist es äußerst wichtig, dass man trotzdem versucht, respektvoll mit dem Kind umzugehen. Also nicht zu schreien, Schuld- oder Schamgefühle auszulösen, sondern mit Empathie auf die Gefühle und Bedürfnisse des Kindes zu hören. Wenn man das tut, kann man zu dem brüllenden Kind, das nicht aus der KiTa weggehen will, vielleicht sagen: »Ich merke, du bist ganz schön sauer. Ich vermute, dass du am liebsten dein Spiel noch fertig gespielt hättest?« Auch wenn man nicht in der Lage ist, das Bedürfnis des Kindes in diesem Moment zu erfüllen, ist es für das Kind schön, zu sehen, dass seine Eltern verstehen, was ihm wichtig ist. Später, wenn die Gefühle sich etwas beruhigt haben und das Kind vermutlich wieder bereit ist, zuzuhören, kann man dann erzählen, was in dieser Situation wichtig war, und darum bitten, dass das Kind das annimmt: »Ich war so in Unruhe, weil dein kleiner Bruder hohes Fieber hatte und ich mich um ihn kümmern wollte. Was denkst du, wenn du das hörst?«

Es kann verlockend sein, immer wieder darauf hinzuweisen, dass es ja nur um den Schutz des Kindes gehe, und so dem Prinzip der gleichwertigen Konfliktlösung auszuweichen. Das schafft einige Risiken. Das größte ist, dass man den gegenseitigen Respekt in der Beziehung schädigt. Weil Zusammenarbeit Vertrauen und gegenseitigen Respekt wachsen lässt, verringern Eltern, die nur Gehorsam von einem Kind verlangen, die Wahrscheinlichkeit, dass das Kind zukünftig mit seinen Eltern zusammenarbeiten will. Es kann also klug sein, die verschiedenen Bedürfnisse gegeneinander abzuwägen, bevor man sich entscheidet, seine elterliche Macht auszuüben.

Sollen Kinder denn über alles mitbestimmen?

Wenn ich von gleichwertiger Konfliktlösung spreche, haben manche Eltern ein Bild von ewigen Gesprächen und nie endenden Verhandlungen vor Augen und wundern sich beunruhigt: Soll man wirklich mit kleinen Kindern über alles argumentieren? Dahinter steckt die Vorstellung, dass Kinder unbegrenzte Sehnsucht nach Einfluss haben. Wenn man ihnen also ermöglichte, in manchen Fragen an einer Entscheidung mitzuwirken, würden sie schnell versuchen, bei jeder Entscheidung mitzumachen. »Mehr fordert immer mehr!«

Meiner Meinung nach ist es genau umgekehrt. Ich glaube, dass Kinder, die nicht erleben, dass sie gehört und ihre Nöte und Bedürfnisse wahrgenommen werden, einen Drang verspüren, bei allem mitzubestimmen. Sie fragen dann immer wieder: »Kann ich dabei mitmachen?« Kinder aber, die die Erfahrung gemacht haben, dass ihre Eltern ihnen zuhören und ihre Gefühle und Bedürfnisse ernst nehmen, versuchen erst gar nicht, bei jeder Entscheidung im Familienleben beteiligt zu werden. Sie haben gelernt, dass die Erwachsenen in der Familie die Bedürfnisse aller bei Entscheidungen berücksichtigen. Deswegen können sie ihre Energie auf anderes richten.

Ich möchte das gerne nochmals betonen: Eine Familie, deren Mitglieder gleichwertig miteinander umgehen, ist keine Familie, in der Erwachsene ständig nach den Ansichten der Kinder fragen oder deren Zustimmung zu jeglicher Entscheidung suchen. Teils, weil Kinder das sowieso nicht wollen, teils, weil sie es auch nicht können. Kinder können die Vielzahl von Alternativen noch gar nicht überblicken, auch nicht die kurz- und langfristigen Konsequenzen einer Entscheidung. Je jünger Kinder sind, umso schwieriger ist es für sie, zu verstehen. Gleichwertiger Umgang in der Familie bedeutet, dass Erwachsene alle Bedürfnisse aller Beteiligten berücksichtigen, wenn sie etwas entscheiden. Es heißt auch, dass sie eventuelle Reaktionen der Kinder ernst nehmen und mit Respekt und Empathie darauf eingehen.

Jetzt war viel davon die Rede, wie wir sprechen können, wenn Kinder Dinge tun, die wir nicht schätzen. Wie wir mit Kindern sprechen, wenn sie Dinge tun, die wir schätzen, ist genauso wichtig. Jedem tut es gut, Wertschätzung zu spüren. Jeder fühlt sich besser, wenn er Dankbarkeit und Wertschätzung teilen kann. Vielleicht ist es ein Erfolg der kognitiven Verhaltenstherapie, dass die meisten Eltern heute ihre Kinder sehr oft ermuntern. Viele haben bestimmt schon von der »positiven Verstärkung« gehört: dem Gedanken, dass Lob für ein bestimmtes Verhalten genau dieses Verhalten nach sich zieht. Manche Kinder werden von ihren Eltern deswegen mit wohlgemeinten Zurufen überschüttet:

- »Wie toll, dass du deinen Teller abgeräumt hast!«
- »Super, dass du dich alleine angezogen hast!«
- »Prima, dass du die Zähne alleine geputzt hast!«
- »Fein, dass du den Fernseher sofort ausgemacht hast, als ich dich darum gebeten habe!«

Mal ganz davon abgesehen, dass Kindern das ziemlich übertrieben vorkommen kann und sie sich eher mies fühlen, wenn Eltern sie so mit Lob überschütten, gibt es noch ein paar andere Probleme mit dieser Art von Aussagen.

Ich bin der Meinung, solche Aussagen sind eben nicht gleichwertig. Wenn ich sage, dass mein Kind tüchtig ist oder etwas gut gemacht hat, dann nehme ich mir gleichzeitig das Recht heraus, mein Kind zu bewerten. Zu bewerten, zu rezensieren und zu benoten. Sogar dann, wenn dieses Bewerten in bester Absicht geschieht, sehe ich doch das Risiko, dass Kinder daraus die Beschaffenheit der Beziehung ablesen: Eltern haben die Macht, zu definieren, wie das Kind und sein Verhalten sind. Und das ist ja eigentlich eine ziemlich subjektive Auffassung, die Eltern aber in eine vermeintlich objektive Sprache kleiden. Tüchtig oder nicht tüchtig? Gut oder schlecht? Schön oder hässlich? Es gibt wohl kaum Einigkeit darüber, was nun was bedeutet.

Das andere Problem mit Aussagen dieser Art ist die mangelnde Klarheit für Kinder. Was war denn nun eigentlich gut daran, dass deine Tochter ihren Teller abgeräumt hat? Dass sie sich daran erinnert hat? Dass sie es schafft, Teller, Besteck und Glas in die Küche zu balancieren? Dass sie jemand anderem die Arbeit erleichtert hat? Oder was war tüchtig daran, dass dein Sohn sich angezogen hat? Dass er sich daran erinnert hat, dass Strümpfe an die Füße kommen? Dass er mit dem komplizierten Reißverschluss klargekommen ist? Oder dass er es dir leichter gemacht hat, deine Arbeit zu erledigen?

Statt wertender Aussagen über das Kind und sein Verhalten schlage ich vor, dass man seine Freude und Dankbarkeit mit dem Kind teilt. Lege den Schwerpunkt auf das, was du beobachtest, und darauf, welche Gefühle und Bedürfnisse du in Relation dazu hast.

- »Wenn ich sehe, dass du deinen Teller abräumst (= Beobachtung), bin ich froh (= Gefühl), weil ich es nämlich mag, wenn die Küche aufgeräumt ist (= Bedürfnis). Danke!«
- »Danke, dass du dich alleine angezogen hast! (= Beobachtung) Ich bin zufrieden (= Gefühl), weil du mir so geholfen hast, dass ich rechtzeitig zur Arbeit komme (= Bedürfnis).«

Wenn Eltern so sprechen, ist das persönlich und schafft Kontakt. Kinder verstehen dann, wie sie auf Eltern wirken, sie lernen etwas darüber, wer ihre Eltern sind, was sie fühlen und welche Bedürfnisse sie haben. Bei Kindern weckt das auch den Wunsch, mehr über sich selbst zu erzählen, wer sie selber sind, was sie fühlen und brauchen. Es ist einfach deutlich einladender, über sich selbst erzählen, wenn jemand anderer das auch tut.

Wer so spricht, macht es Kindern auch leichter, mit ihren Eltern zusammenzuarbeiten. »Aha, Papa mag es, wenn es ordentlich ist, und für Mama ist es wichtig, dass sie pünktlich zur Arbeit kommt!« Wenn das so klar gesagt wird, kommen Kinder ganz von alleine auf weitere Dinge, die sie tun können, um dazu beizutragen, die Bedürfnisse ihrer Eltern zu befriedigen. Sie könnten von alleine aufräumen oder ihre Klamotten vom Boden einsammeln. Sie könnten den Fernseher ausmachen, wenn es gesagt wird, und sich auf dem Weg zur Schule ein bisschen beeilen. Wenn Eltern aber nur sagen: »Wie toll, dass du deinen Teller abgeräumt hast«, oder: »Wie tüchtig, dass du dich alleine angezogen hast«, ist es für Kinder sehr schwer zu verstehen, was sie noch tun könnten, um einen Beitrag zu leisten. Einfach, weil es für sie komplett undeutlich bleibt, zu was sie eigentlich beitragen sollen.

Vermeide also lieber, deine eigenen Bedürfnisse hinter Etiketten wie »gut«, »tüchtig« und »fein« zu verstecken. Erzähle lieber, was du brauchst, was du schätzt, was du magst und was dir wichtig ist und wie dein Kind dazu beitragen kann:

- »Danke, dass du gleich gekommen bist, als ich dich gerufen habe, weil das Essen fertig war. Ich mag es, wenn wir zusammen essen.«
- »Ich habe gesehen, wie du links und rechts geschaut hast, bevor du über die Straße gegangen bist. Ich fühle mich sicher, wenn ich weiß, dass du das so machst.«
- »Wenn du mich so streichelst, wird mir ganz warm innen drinnen, weil es mich daran erinnert, wie lieb ich dich habe.«

8 Eltern und das schlechte Gewissen

- »Bin ich gut genug?«
- »Bin ich gut zu meinem Kind?«
- »Ich bin zu herrisch.«
- »Ich bin zu weich und nachgiebig.«
- »Ich hätte sie doch bei ihrer Freundin übernachten lassen sollen!«
- »Jetzt bin ich ganz unnötig sauer.«
- »Hätte ich ihm bei den Hausaufgaben helfen sollen?«

Fast alle Eltern machen das – sich selbst infrage stellen und kritisieren, weil sie nicht gut genug sind. Bei manchen Eltern sind Zweifel und ein schlechtes Gewissen ständige Begleiter. Bei anderen tauchen diese Gefühle nur hin und wieder auf. Stell dir vor, man könnte das schlechte Gewissen, diesen Geruch von Selbstverachtung, Zweifel und Lähmung, einfach vertreiben. Es ersetzen durch eine hoffnungsfrohe Sehnsucht nach einer neuen Art zu denken und zu handeln. Oder die Dinge akzeptieren, wie sie sind. Ich bin überzeugt – das geht! Das schlechte Gewissen muss nicht in der Seele von Eltern wohnen.

In sich hineinhören und Fehler annehmen

Alle Eltern machen Fehler. Daran kann man nichts ändern. Wir machen Dinge, die wir später bereuen. Dann sind Selbstkritik und negative Bewertungen oft übermächtig: »Wie konnte ich nur! Ich bin so ein Trottel!«, »Dass ich immer so brutal ehrlich sein muss! Erst reden und dann denken, so bin ich!« Selbstkritik tut weh und weckt den Impuls, sich zu verteidigen oder einfach nicht zuzuhören. Allerdings entsteht daraus keine langfristige oder haltbare Lösung. Das schlechte Gewissen setzt sich fest und schlägt bald wieder zu.

Ich schlage vor: Mache es genau anders herum. Höre zu, nimm auf und versuche, zu verstehen!

Hinter Kritik und Bewertung steckt immer eine wichtige Botschaft. Der beste Weg, damit umzugehen, ist, die Botschaft selbst willkommen zu heißen.

Und was genau ist die Botschaft? Einfach gesagt: »Du hast dich um ein Bedürfnis nicht gekümmert!« Wenn dich das schlechte Gewissen plagt, ist das ein Anzeichen dafür, dass ein Konflikt nicht beigelegt ist. Du hast ein Bedürfnis erfüllt oder das zumindest versucht, aber auf Kosten eines anderen. Um zu verstehen, um welches Bedürfnis es in einem Konflikt eigentlich geht, kannst du versuchen, dir selbst empathisch zuzuhören. Es sind dieselben Fähigkeiten, die ich in Kapitel 6 (S. 64) beschrieben habe, nur mit dem Unterschied, dass du sie nun auf dich selbst und nicht auf einen anderen Menschen anwendest.

Für mich war es ein zugleich schmerzliches und befreiendes Erlebnis, als ich mir selbst und meiner Selbstkritik empathisch zuhörte. »Du bist gemein!«, sagte sie. »Selbstbezogen und unempathisch. Du solltest es wirklich besser wissen!«

Das Ereignis, das dieser Selbstkritik vorangegangen war, spielte sich in der KiTa ab. Als ich meinen 5-jährigen Sohn abholen wollte, brüllte dieser: »Geh weg! Du bist zu früh!« Ich war sauer und antwortete, ich sei keineswegs zu früh da, es sei schon viertel nach vier und ich sei sogar etwas verspätet. Ich sagte, ich sei bereit, ein paar Minuten zu warten, bis er seine Sachen eingesammelt habe. Als mein Sohn nicht kam, ging ich hinein, holte seine Sachen, schnappte ihn mir und ging mit ihm nach Hause, begleitet von verzweifeltem Weinen.

Sich selbst empathisch zuhören

Empathisches Zuhören heißt, auf das Nichtgesagte zu hören, auf Gefühle und Bedürfnisse zu fokussieren. Also fragte ich mich selbst, welche Gefühle ich eigentlich durch mein Handeln befriedigt hatte. Es ging um Fürsorge und Respekt, wurde mir klar. Ich wollte, dass mein

Sohn wusste, dass ich mich um ihn kümmerte und dass er genauso wichtig ist wie ich. Als ich abends mit ihm sprach und ihm erklärte, dass ich wütend geworden sei, weil ich nicht auf ihn hatte warten wollen, antwortete er: »Aber Mama, ich habe doch auch auf dich gewartet. Den ganzen Tag habe ich auf dich gewartet.« Das machte mir klar, wie sehr ich sein Bedürfnis nach Respekt ignoriert hatte. Ich war enttäuscht und sauer auf mich selber. Die Bedürfnisse nach Fürsorge und Respekt hatte ich also ignoriert, aber welche hatte ich denn erfüllt? Das war meine nächste Frage an mich selber. Ich dachte nach. Mir war es peinlich, dass ich zu spät gekommen war, und fürchtete, das Personal könnte es ärgern, wenn ich noch länger bliebe. Für mich war es wichtig, Verabredungen auch einzuhalten und pünktlich zu sein. Beim weiteren Nachdenken wurde mir klar, wie extrem wichtig es mir war, getroffene Verabredungen einzuhalten, und ich fragte mich, warum das so sei.

- »Ich will, dass das Personal mich mag.«
- »Warum?«
- »Wenn sie mich mögen, stehen die Chancen besser, dass sie auch meinen Sohn mögen.«
- »Warum ist das wichtig?«
- »Wenn sie ihn mögen, sind sie nett zu ihm.«

Jetzt machte es Klick. So war das also – ich suchte nach Akzeptanz von den Mitarbeitern in der KiTa, weil ich wollte, dass mein Sohn sich dort wohlfühlte. Und ich hatte versucht, genau dieses Bedürfnis durch mein Handeln zu befriedigen.

Ich war erleichtert und besorgt, als mir das klar wurde. Besorgt, weil ich mich nicht um alles gekümmert hatte, was mir wichtig war, aber auch besorgt, weil ich nicht eher verstanden hatte, was mir wichtig war. Ich war erleichtert, weil ich verstand, dass die negativen Bewertungen, mit denen ich mich selbst bewertet hatte – gemein, selbstbezogen, unempathisch – einfach nicht stimmten. Ich hatte es gut gemeint, auch, wenn es mir nicht gelungen war.

Ich hatte einen Fehler gemacht und ich wollte verhindern, ihn wieder zu machen. Wie sollte ich mich also beim nächsten Mal verhalten? Ich wollte das Bedürfnis meines Sohns, seine Aktivitäten in Ruhe beenden zu können, respektieren, gleichzeitig lag mir am guten Kontakt zu den Erziehern in der KiTa und ich war in Sorge, dass diese mich ablehnen würden, wenn ich unpünktlich war. Aber war das wirklich so? Mir wurde klar, dass ich das gar nicht wusste, und beschloss daher, sie zu fragen. »Mir ist es wichtig, dass mein Sohn in Ruhe das abschließen kann, was er gerade tut, wenn ich ihn abhole. Gleichzeitig will ich euch eure Arbeit aber nicht schwer machen. Deshalb würde ich gern wissen, wie ich es eurer Meinung nach machen soll?«

Es war ein gutes Gespräch, in dem mir klar wurde, dass das Personal überhaupt kein Problem damit hatte, wenn ich beim Abholen noch ein wenig länger blieb. Ganz im Gegenteil, sie waren überzeugt davon, dass es sogar gut sei – für mich genauso wie für meinen Sohn oder alle anderen Kinder, wenn sie ihre Aktivitäten in Ruhe abschließen konnten. Sie sagten mir auch, ich könne ruhig anrufen, wenn ich unterwegs zum Abholen sei, wenn ich wollte, dass mein Sohn sich darauf einstellen könne.

Befrage dich einfach selbst

Hast du einen Fehler gemacht und bist neugierig, was deine selbstkritische Stimme zu dir sagt? Hier kommen fünf Fragen, die dir dabei helfen können, zwischen den Zeilen die kritischen Worte zu hören.

Welches Ereignis löst die Selbstkritik aus?

- »Ich habe Okan faul genannt, als er seine Hausaufgaben nicht machen wollte.«
- »Ich surfte im Netz, statt mit Nele eine Geschichte zu lesen, wie ich es ihr versprochen hatte.«

Welche Bedürfnisse werden nicht erfüllt, wenn du das tust, was dich dann ärgert?

- »Als ich Okan faul nannte, wurden die Bedürfnisse nach Respekt, Empathie und Unterstützung nicht erfüllt.«

- »Als ich im Netz surfte, statt mit Nele zu lesen, dachte ich nicht an die Bedürfnisse nach Respekt, Gemeinschaft und dem Einhalten eines Versprechens.«

Welche Gefühle hast du in der Situation und welche Bedürfnisse versuchst du zu erfüllen?

- »Ich war frustriert, genervt und irritiert, weil ich gerne will, dass Okan etwas lernt und im Leben klarkommt. Ich will, dass er eine Zukunft voller Möglichkeiten hat.«
- »Ich war müde, tatsächlich richtig erschöpft und wollte nur noch ausruhen und eine Weile allein sein.«

Fokussiere dich auf alle Bedürfnisse, die dir eingefallen sind – was spürst du?

- Wenn man mit all seinen Bedürfnissen in Kontakt kommt – den erfüllten, genauso wie den unerfüllten –, ergibt sich oft eine gefühlsmäßige Veränderung. Statt sich selbstkritisch zu verurteilen (»Ich sollte wirklich verständnisvoller sein!«), erlebt man dann ein Gefühl von Sorge (»Ich bin traurig, wenn ich dran denke, dass ich Okan faul genannt habe«). Wenn man sich sowohl die Sorge als auch das Kümmern um die eigenen Bedürfnisse zugesteht, erlebt man so etwas wie eine innere Versöhnung (»Ich habe versucht, mich um etwas zu kümmern, das mir wichtig ist. Beim nächsten Mal will ich es so tun, dass es für alle Bedürfnisse besser ist«).

Wenn die Gefühle sich beruhigen – denk darüber nach, wie du das nächste Mal handeln willst, wenn du in die gleiche Situation kommst.

- »Beim nächsten Mal will ich versuchen, besseren Kontakt zu Okan herzustellen. Vielleicht könnte ich auch das zu ihm sagen: ›Wenn du sagst, dass du deine Hausaufgaben nicht machen willst, bin ich ärgerlich, denn ich will, dass du etwas lernst und du später gute Ausbildungsmöglichkeiten hast. Willst du mir sagen, wie du das siehst?‹«
- »Beim nächsten Mal will ich ehrlich über meine Bedürfnisse sein und mit Nele abstimmen, wie sie darauf reagiert. Ich könnte zu ihr sagen: ›Ich habe dir heute Morgen versprochen, dass wir heute

Abend eine Geschichte lesen. Jetzt bin ich aber so müde und ausgepowert und merke, ich muss mich ausruhen. Wie geht es dir, wenn ich das sage?‹«

Die eigenen Bedürfnisse erkennen

Wenn man merkt, dass man einen Fehler gemacht hat, geht es also im Grunde immer darum, dass man die Befriedigung eigener Bedürfnisse anderen vorgezogen hat. Nach innen in sich hineinzuhören und sich klar zu machen, welche Bedürfnisse es noch gibt, ist der erste Schritt, das schlechte Gewissen zu verwandeln – erst in Nachdenklichkeit, dann in etwas, woraus man lernt. Man kann dem schlechten Gewissen eine Stimme geben. Sprich mit deinem Kind! Erzähle, welche Gefühle und Bedürfnisse sich einstellten, als du an das dachtest, was passiert ist.

- »Ich habe ein schlechtes Gewissen, wenn ich daran denke, wie ich dich heute am Arm gepackt und aus der KiTa gezogen habe. Ich hatte nur noch im Kopf, dass ich der Erzieherin versprochen hatte, dich pünktlich um vier Uhr abzuholen. Mein Bedürfnis, dieses Versprechen einzuhalten, war wichtiger als alles andere. Ich habe nicht gespürt, dass es genauso wichtig ist, dir mit Fürsorge und Respekt zu begegnen. Wie geht es dir, wenn du das hörst?«

Die letzte Frage zu stellen – »Wie geht es dir, wenn du das hörst?« – und wirklich zuhören zu wollen, ist wichtig. Zu erzählen, was man selbst als Fehler empfindet, ist aber kein Knopf, den man nur drücken muss und das schlechte Gewissen verschwindet wie von Zauberhand. Es ist ein Weg, wie man Selbstkritik in Nachdenklichkeit und Lernen verwandeln kann, und das schafft die Voraussetzung, mehr Bedürfnisse befriedigen zu können. Alle Kommunikationswege – Worte, Körpersprache, Tonfall, Gesichtsausdruck – brauchen Signale, damit das Kind sieht, dass man ein ehrliches Interesse an seiner Antwort hat und nicht nur auf eine Antwort wie »Ach, das macht doch nichts!« hofft.

Wenn das Kind auf deine Frage antwortet, ist es wichtig, ans empathische Zuhören zu denken:

- »Ich finde, du hättest mehr an mich denken können! Dir war es wichtig, zur verabredeten Zeit da zu sein, aber sonst?!«
- »Meinst du, ich hätte besser deinetwegen pünktlich sein sollen?«
- »Ja!«
- »Geht es darum, dass du spüren willst, dass du mir wichtig bist?«
- »Ja. Du redest nur von allen anderen, die ganze Zeit. Von der Erzieherin. Von deiner Arbeit. Von meiner kleinen Schwester …«
- »Und wenn du mich so reden hörst, wirst du da traurig und fragst dich, ob du wichtig bist?«
- »Mm.«
- »Ach mein geliebter Schatz! Danke, dass du mir das gesagt hast. Für mich ist es wundervoll, wenn ich verstehe, wie du denkst und was für dich wichtig ist. Soll ich dir jetzt sagen, wie wichtig du mir bist?«
- »Ja, okay.«
- »Ich liebe dich von hier bis zum Ende des Universums.«
- »Aber Mama, also wirklich. Das Universum hat doch gar kein Ende!«

Der eigentliche Zweck, über die Bedürfnisse zu sprechen, die hinter einem Verhalten liegen, das verärgert hat, bedeutet nicht, sich die Vergebung aller Sünden bei seinem Kind abzuholen. Der Zweck ist, Kontakt zu schaffen und sich klarer zu werden, was Mensch zu sein bedeutet. So schafft man die Möglichkeit für gegenseitiges Verständnis statt für einseitige Vergebung. Mithilfe von Worten verwandelt man das schlechte Gewissen in ein Verständnis für seine Bedürfnisse und die anderer, beim nächsten Mal kann man dann anders handeln. Oder man stellt fest, dass der Fehler gar keiner war.

Was sagt das schlechte Gewissen eigentlich?

Jetzt hast du viel gelesen darüber, wie man der Selbstkritik zuhören und etwas aus ihr lernen kann, wenn man an eine Situation denkt, in der man sich falsch verhalten hat. Es kann aber auch sein, dass wir Eltern ein ziemlich diffuses schlechtes Gewissen haben, das gar nicht mit bestimmten Begebenheiten im Zusammenhang steht. Das ist dann mehr wie eine bohrende Stimme im Hinterkopf, die sagt: »Du bist eine schlechte Mutter«, »Du sprichst ja kaum mit deinem Kind« oder »Immer bist du gestresst!« Die Stimme ist oft schwer abzustellen oder auszublenden. Deshalb taucht normalerweise eine andere innere Stimme mit Gegenargumenten auf: »Ich bin so gut, wie ich eben bin!«, »Natürlich stehe ich unter Stress, wenn mein Partner mir so selten hilft!« Schnell findet ein richtiges Tennismatch im Kopf statt, Anklage, Antwort, neue Anklage, Gegenangriff – und der Kampf scheint nie aufzuhören.

Ich bin überzeugt, die Lösung findet sich wieder im empathischen Zuhören. Man lässt beide Stimmen im Kopf zu und hört auf das zwischen den Zeilen Gesagte. Welche Gefühle und Bedürfnisse rufen die Stimmen dir in Erinnerung?

Wenn man seinen eigenen Kritikern mit Empathie zuhört, kann sich das z. B. so anhören:

- Kritische Stimme: »Du bist eine schlechte Mama!«
- Innerer empathischer Zuhörer: »Ich will gern verstehen, was du meinst. Erzähl mehr.«
- Kritische Stimme: »Du holst dein Kind zu spät aus der KiTa ab. Du hetzt dann nach Hause und stehst gleich am Herd. Dann dürfen die Kinder die Sesamstraße schauen, während du dich um den Abwasch kümmerst, die Wäsche erledigst und aufräumst. Dann ist Zeit fürs Duschen und Zubettgehen. Du verbringst zu wenig Zeit mit den Kindern. Du sprichst zu wenig mit ihnen. Ihr spielt fast nie zusammen!«
- Innerer empathischer Zuhörer: »Du klingst ärgerlich. Geht es darum, dass du findest, ich kümmere mich zu wenig um das Bedürfnis nach Gemeinschaft?«
- Kritische Stimme: »Genau das versuche ich dir zu sagen. Ihr braucht euch doch in der Familie! Ihr habt euch lieb, seid gern zusammen und redet über Gott und die Welt. Ich bin traurig, wenn ich sehe, dass ihr das nicht in dem Maße tut, wie es gut für euch wäre!«

Wenn deutlich geworden ist, welche Bedürfnisse die kritische Stimme anspricht, wechsle den Fokus und konzentriere dich auf die andere Stimme, die Gegenargumente und manchmal Gegenangriffe anbietet:

- Verteidigende Stimme: »Gemeinschaft klingt ja wunderbar, aber wann soll man dafür Zeit haben? Ich sitze ja nicht zu Hause rum und lege die Hände in den Schoß! Ich rackere mich ab, damit diese Familie funktioniert!«
- Innerer empathischer Zuhörer: »Ich vermute, dass du sowohl müde als auch frustriert bist, und möchtest, dass man sieht, wie viel du tust?«
- Verteidigende Stimme: »Ja, danke! Ich arbeite den ganzen Tag, um Geld zu verdienen, ich hole die Kinder, so schnell ich kann, ich versuche, gesund zu kochen, und achte darauf, dass wir gemeinsam essen, ich wasche, ich nähe, helfe Simon bei den Hausaufgaben ...«
- Innerer empathischer Zuhörer: »Das klingt, als ob dir sehr viel an deinen Kindern liegt und daran, dass sie sich geborgen und gut versorgt fühlen.«
- Verteidigende Stimme: »Ja, das stimmt.«

Wenn man versteht, an welche Bedürfnisse beide Stimmen erinnern wollen, ist der nächste Schritt, zu einer inneren Konfliktlösung einzuladen und sich selbst zu fragen, was man dazu beitragen kann, alle Bedürfnisse zu befriedigen oder wenigstens zu beachten:

- »Mir ist klar geworden, dass ich großen Wert darauf lege, Geborgenheit und Fürsorge zu schaffen, dabei aber das Bedürfnis nach Gemeinschaft zu sehr ignoriert habe. Ich will darüber nachdenken, wie ich zukünftig beide Bedürfnisse berücksichtigen kann.«

Vielleicht bringt diese Antwort nicht gleich eine Lösung. Auch das zu erspüren ist wichtig und hilfreich und du solltest dir auch ehrlich sagen, wie sich das für dich anfühlt. »Ich bin traurig, weil ich nicht sehe, wie wir das Bedürfnis nach Gemeinschaft in unserer Familie erfüllen können.« Wenn ein Bedürfnis klar erkannt geworden ist, muss es sich nicht länger in Selbstkritik und Gewissensbissen äußern.

Hast du ein schlechtes Gewissen, das an dir nagt? Bist du neugierig, was es dir eigentlich sagen will? Wenn du es das nächste Mal hörst, steh auf und konzentriere dich auf das Folgende:

Was sagt dir dein schlechtes Gewissen? Welche kritischen Aussagen über dich und dein Verhalten hörst du?

- »Du solltest mehr mit Stefan spielen! Er ist immer so froh, wenn du mit ihm spielst, das siehst du doch. Und dennoch tust du es fast nie.«

Auf welches Bedürfnis will dich dein schlechtes Gewissen aufmerksam machen?

- »Es ist wichtig, Zeit für Gemeinschaft, Spiel und Zärtlichkeit zu haben.«

Was sagt dir die andere innere Stimme? Die verteidigt, was du tust und was dich gegen die andere stützt?

- »Es ist so langweilig, zu spielen! Ich halte es einfach nicht aus, das zu spielen, was Stefan will.«

Vor welchem Bedürfnis warnt dich die andere innere Stimme?

- »Stimulanz und Herausforderung sind wichtig.«

Was willst oder kannst du tun, um alle Bedürfnisse zu erfüllen?

- »Ich werde Stefan fragen, ob wir auch andere Dinge zusammen machen könnten, an denen wir beide Spaß hätten.«

Lass es zu, Kummer und Enttäuschung zu spüren, wenn du merkst, dass du im Moment nicht alle Bedürfnisse befriedigen kannst.

Sollte man mit Kindern über sein schlechtes Gewissen sprechen? Ich meine, ja! Genauso, wie wir darüber reden können, dass wir wegen eines bestimmten Verhaltens ein schlechtes Gewissen haben, können wir auch über das diffusere schlechte Gewissen sprechen. Nicht, um den Segen der Kinder zu bekommen, einfach so weiterzumachen. Nicht, damit die Kinder die Verantwortung übernehmen, unser Problem zu lösen. Sondern um die Chance zu schaffen, voneinander zu ler-

nen. Das trägt zum besseren Kontakt und Vertrauen bei und schafft
ein Gefühl von Gemeinschaft rund um die Freuden und Pflichten des
Lebens. Eltern könnten es so ausdrücken:

- »Ich bin gerade ziemlich frustriert und traurig. Mir ist klar geworden, dass ich großen Wert darauf gelegt habe, dass wir es in unserer
  Familie schön haben – also dass das Essen auf dem Tisch steht, wir
  gepflegte Kleidung haben und es ordentlich und sauber bei uns ist.
  Ich habe übersehen, dass ich auch möchte, dass zwischen uns ein
  guter Kontakt herrscht, wir über Gott und die Welt miteinander reden und schöne Dinge gemeinsam tun. Ich wüsste gern, was du
  denkst, wenn ich das sage. Hast du Lust, mir das zu sagen?«

Kindern tut es gut, zu erleben, dass sie mit echten Menschen zusam-
menleben. Menschen, die etwas wissen, brauchen und sich wünschen.
Menschen, die sich freuen und wundern, aber auch traurig sind, zweifeln oder sich bewähren müssen. Menschen, die genauso sind, dass sie
sich damit identifizieren können.

9 Zum Schluss

Heute Morgen habe ich ausgiebig mit meinen Kindern gefrühstückt. Wir haben über Gott und die Welt gesprochen und ich habe sie auch darum gebeten, mir ein paar Eltern-Tipps zu geben.

- »Ihr wisst doch, dass ich gerade ein Buch schreibe«, sagte ich. »Es handelt davon, wie Eltern ihren Kindern dabei helfen können, sich selbst mehr wertzuschätzen, und zwar so, wie sie sind. Was meint ihr? Welchen Rat wollt ihr Eltern geben?«
- »Ich finde, Eltern sollten versuchen, die Dinge mal mit unseren Augen sehen.« Mein achtjähriger Sohn dachte kurz nach und fügte dann hinzu: »Ich weiß nicht, ob Eltern das immer können, aber ich finde, versuchen sollten sie es auf jeden Fall. Und sie sollen freundlich sein. Und ehrlich!«
- »Findet ihr, Eltern sollten Kinder einfach alles machen lassen, was sie wollen?«
- »Nein. Dann würden einige Kinder nur auf der Couch liegen und Schokolade essen und andere den ganzen Tag Computerspiele machen«, antwortete meine zehnjährige Tochter.
- »Und das fändest du nicht gut?«
- »Nein. Es ist doch der Job der Eltern, darüber nachzudenken, was gut für die Kinder ist, und nicht nur darüber, was die Kinder gerade wollen.«
- »Und sollten Eltern noch an etwas anderes denken, was meinst du?«
- »Ja, lustige Apps aufs iPad laden, die man dann gemeinsam spielen kann. Und es sich gemütlich machen.«

So einfach ist es für sie! Wir Eltern können so viele Antworten auf viele Fragen erhalten, wenn wir sie unseren Kindern direkt stellen. Beim Frühstücksbrot haben meine Kinder mir ihre wichtigsten Empfehlungen genannt, mir und anderen Eltern, denen daran liegt, dass ihre Kinder sich selbst mögen: Sei interessiert, empathisch und ehrlich.

Hilf den Kindern, ihre Bedürfnisse zu befriedigen. Und vergiss nie, wie wichtig es ist, es schön und lustig miteinander zu haben.

Gestern fragte ich meine Tochter, was eigentlich das Schlimmste gewesen sei, was ich jemals zu ihr gesagt hätte. Ich sage nicht, was sie gesagt hat, aber ich kann versichern, es war unerwartet und lehrreich ... Hier sind noch ein paar Beispiele für Fragen, die ich meinen Kindern stelle und weiter stellen will:

- »Manchmal vergesse ich, wie es ist, ein Kind zu sein. Hast du ein paar Tipps für mich?«
- »Gibt es etwas, was du in deinem Leben verändern möchtest?«
- »Findest du es wichtig, tüchtig in allem zu sein, was du tust?«
- »Erzähl mir doch mal, wie es war, als du unglücklich warst.«
- »Gibt es Situationen, in denen du dich nicht geliebt und angenommen fühlst?«
- »Wann fällt es dir leicht, dich selbst zu mögen?«
- »Was meinst du, können wir etwas richtig Lustiges zusammen machen?«

Wir können Bücher übers Elternsein lesen, wir können mit anderen Eltern oder Experten sprechen und wir können viel von ihnen lernen. Vergessen wir darüber aber nie, von unseren Kindern zu lernen und immer neugierig und aufgeschlossen für sie zu sein.

ALL DAS SIND GEFÜHLE

- angenehm
- angespannt
- ängstlich
- ärgerlich
- aufgewühlt
- bekümmert
- beunruhigt
- bewegt
- bitter
- dankbar
- düster
- eifersüchtig
- eifrig
- energiegeladen
- enthusiastisch
- enttäuscht
- entzückt
- erschöpft
- erstaunt
- erwartungsvoll
- fasziniert
- froh
- furchtsam
- geborgen
- genervt
- geschockt
- glücklich
- herzlich
- hoffnungsfroh

- inspiriert
- irritiert
- lebhaft
- missmutig
- munter
- nervös
- neugierig
- optimistisch
- panisch
- rastlos
- ruhig
- sauer
- scheu
- stolz
- traurig
- überrascht
- überwältigt
- ungeduldig
- unglücklich
- uninteressiert
- unruhig
- unschlüssig
- unsicher
- verloren
- verwirrt
- verwundert
- verzweifelt
- wütend

ALL DAS SIND BEDÜRFNISSE

- Akzeptanz
- Auswahl
- Autonomie
- Bedeutsamkeit
- Berührung
- Bewegung
- Deutlichkeit
- Ehrlichkeit
- Eigenwert
- Einfachheit
- Empathie
- Essen
- Feiern
- Frieden
- Fürsorge
- Geborgenheit
- Gemeinschaft
- Glaubwürdigkeit
- Harmonie
- Inspiration
- Können
- Kreativität
- Lachen
- Liebe
- Luft
- Nachdenklichkeit
- Nähe
- Ordnung
- Respekt
- Schönheit
- Schutz
- Sex
- Spiel
- Unterstützung
- Verstehen
- Vertiefung
- Vertrauen
- Wärme
- Wasser
- Zusammenarbeit

Service

Zum Weiterlesen

Bücher, auf die Petra Krantz-Lindgren verweist (in der Reihenfolge, in der sie im Buch genannt werden):

Ernst, Franklin H.: Getting well with transactional analysis. Get-on-with, Getting Well and get (to be) winners – http://ernstokcorral.com/Publications/Get-on-With monograph.pdf

Rosenberg, Marshall: Gewaltfreie Kommunikation. Eine Sprache des Lebens. Junfermann 2016

Wahlgren, Anna: Das Kinderbuch – wie kleine Menschen groß werden. Beltz 2013

Juul, Jesper: Dein kompetentes Kind. Auf dem Weg zu einer neuen Wertegrundlage für die ganze Familie. Rowohlt 2009

Gordon, Thomas: Gute Beziehungen. Wie sie entstehen und stärker werden. Klett Cotta 2017

Larsson Liv: Wut, Schuld und Scham – drei Seiten der gleichen Medaille. Junfermann 2012

Lust auf mehr? Hier kommen weitere spannende Bücher, die sich mit Fragen um Eltern, Kinder, Kommunikation und Erziehung beschäftigen:

Gordon, Thomas: Die neue Familienkonferenz. Kinder erziehen ohne zu strafen. Klett Cotta 2014

McGraith, Sheila: Erziehen ohne auszurasten. TRIAS 2017

Graff, Danielle: Das gewünschteste Wunschkind aller Zeiten treibt mich in den Wahnsinn. Der entspannte Weg durch Trotzphasen. Beltz 2017

Juul, Jesper: Grenzen, Nähe, Respekt. Auf dem Weg zur kompetenten Eltern-Kind-Beziehung. Rowohlt 2009

Klüver, Nathalie: Die Kunst, keine perfekte Mutter zu sein. Das Selbsthilfebuch für gerade noch nicht ausgebrannte Mütter. TRIAS 2018

Pantley, Elizabeth: Erziehen ohne Frust und Tränen. TRIAS 2012

Dank

Danke an meine wunderbaren Kinder, danke, dass es euch gibt! Danke, dass ihr mich inspiriert, herausfordert und liebt. Danke, dass ihr mir helft, mich selber zu entwickeln und mehr über mich und andere Menschen zu entdecken, große wie kleine. Ohne euch hätte ich dieses Buch nie schreiben können.

Danke an meinen geliebten Mann, wie du der größte und am meisten interessierte Unterstützer von allen bist. Danke, dass du mich liebst, egal, ob ich erfolgreich bin oder nicht.

Drei Menschen haben das Manuskript gelesen und mir sehr wertvolles Feedback gegeben: Cecilia Carlsson, Jessica Lindvert und Sanna Håkansson. Euch ein großes Danke! Und ein extra Danke an Cecilia, denn du bist auf den Titel für dieses Buch gekommen.

Dank geht auch an meine Verlegerin Lisa Ydring, die während des Schreibens eine große Unterstützung für mich war. Danke für den ersten Kontakt, der mich anspornte, endlich all meine verstreuten Gedanken zu sammeln und dieses Buch zu schreiben. Danke auch an Ann Pålsson, die mir beim Korrekturlesen geholfen hat.

Zum Schluss möchte ich mir selbst danken. Danke, dass ich endlich auf meine innere Stimme gehört und gemacht habe, was ich wollte, statt zu tun, was ich dachte, ich sollte es tun. Danke für die Lust und Freude, die ich beim Schreiben dieses Buches hatte.